1からわかる
図書館の障害者サービス

誰もが使える図書館を目指して

佐藤 聖一

学文社

はしがき

　障害者というと障害者手帳を持っている心身障害者のことを考える方が多いのではないでしょうか。ところが，最近この他に，ディスレクシア等の発達障害者が社会に認知されつつあります。教育現場でも文字による情報入手が困難な子どもたちへの対応が求められています。今まで社会的に知られてこなかった多くの障害者がいることがわかってきているのです。そして，これらの障害者は「情報障害」の状態に置かれています。

　図書館の障害者サービスは，障害者のための特別なあるいは対象別サービスではありません。また，福祉的サービスでもありません。もちろん，困っている障害者に手助けをするというような恩恵的サービスでもありません。障害者サービスは「図書館利用に障害のある人々へのサービス」です。その目的は「すべての人にすべての図書館サービス・資料を提供すること」にあります。簡単にいうと，だれもが使える図書館にするということです。
そして，図書館利用に障害のある人は，前述の心身障害者に限りません。高齢者・施設入所者・入院患者・妊産婦・外国人等を含め，誰にも関係ある身近な問題なのです。

　ところで，このすべての人が使える図書館に誰がするのでしょうか。いうまでもなく，これは図書館つまりそこにいる職員の仕事です。障害者サービスは，すべての人が使える図書館を作るといういわばもっとも基礎的なサービスなのです。

　日本が2014年1月に批准した「障害者の権利に関する条約」では，障害者への合理的配慮を行うことがその基本理念となっています。合理的配慮とは，過度な負担にならずに，今の技術や経済力で合理的に考えてできうることという意味です。重要な点は，合理的配慮を行うのは国や地方自治体だけではなく，社会のあらゆるところでなくてはならないということです。つまり，民間企業も団体も，そして個人個人にも求められています。さらに，合理的配慮をしま

しょうという努力目標ではなく，合理的配慮をしないことは差別である(イコール人権侵害)とされている点です。

図書館の障害者サービスの理念は，まさにこの合理的配慮を先取りするものともいえます。「障害は障害者にあるのではなく，図書館のサービスにこそある」ということばは大切なことを示しています。誰もが使える図書館に図書館自らが変わっていかなくてはなりません。

2015年2月

著　者

目　次

序　章　障害者とは………………………………………………………1
　1　そもそも障害者とは…………………………………………………1
　　⑴　障害者の数—日本はいちじるしく障害者の割合が低い？　1／⑵　障害者の定義の変化—機能障害・社会的障害から環境因子を組み合わせた理解へ　3
　2　本書を読まれる方へ…………………………………………………4
　3　図書館の障害者サービスの普及が思うように進んでいないのはなぜか—福祉サービスと混同していないか……………………………6
　4　障害者の権利に関する条約が求めていること—日本社会の課題………6
第1章　障害者と情報……………………………………………………9
　1　情報障害者といわれる人たち…………………………………………9
　2　情報障害者になってしまう理由……………………………………10
　　⑴　障害者が使える形の本・情報が販売されていない　10／⑵　インターネット・パソコン等のIT機器の利用が難しい（操作ができない，アクセシブルでない）　10／⑶　経済的に障害者用資料やIT機器類が購入できない　11
　3　障害者の情報入手の現状……………………………………………12
　　⑴　情報入手の手段　12／⑵　IT機器が使える人と使えない人の情報格差　13
　4　障害者への情報提供のあり方………………………………………14
　　⑴　情報はそれを出しているところが自ら障害者への情報保障を行う　14／⑵　アクセシブルな電子書籍等の発行　15／⑶　アクセシブルな資料や機器が使えない，使いにくい人のために　15
　5　障害者と情報ボランティア…………………………………………16
第2章　障害者サービスとは何か………………………………………19
　1　障害者サービスの誤ったイメージ…………………………………19

(1) 障害者を対象とした「対象別」「特別な」サービスではない　19／
　　(2)「恩恵的な」サービスではない　19／(3) 視覚障害者サービスではない　20／(4) すべての人に関係のあるサービス―誰もが高齢者になる，誰もが障害者になるかもしれない　20

 2　障害者サービスの意味……………………………………………………21
　　(1) 図書館はすべての人に目を向けているか　21／(2) ノーマライゼーション社会の実現とバリアフリー　21／(3) 障害者サービスの定義「図書館利用に障害のある人々へのサービス」　23／(4) 障害者サービスの目的「すべての人にすべての図書館サービス・資料を提供すること」　23／(5) 全職員・すべての窓口での障害者対応と，担当者の役割　24

 3　障害者への情報提供における図書館の役割……………………………24
　　(1) 図書館の基本的役割　24／(2) 障害者への情報提供機関　25

 4　障害者サービスの手法……………………………………………………25
　　(1) 資料を何らかの方法で利用者の手元に届けるもの　25／(2) 資料を利用者の使える形に変換して提供するもの　26／(3) 図書館を利用しやすくするためのもの　27

 5　市町村立図書館，都道府県立図書館，国立国会図書館の障害者
　　サービス…………………………………………………………………28
　　(1) 市町村立図書館の障害者サービス　28／(2) 都道府県立図書館の障害者サービス　30／(3) 国立国会図書館の役割　32

第3章　障害者サービスの対象者……………………………………………34

 1　図書館利用の障害…………………………………………………………34
　　(1) 物理的な障害　34／(2) 資料利用の障害　35／(3) コミュニケーションの障害　35

 2　具体的な対象………………………………………………………………35
　　(1) 心身障害者　35／(2) 高齢で図書館利用に障害のある人　36／(3) 病気等による一時的・恒常的な障害者　36／(4) 施設等入所者　36／(5) 外国人(外国を母国とする人を含む)　37

 3　国際的にみた障害者サービスの対象者…………………………………37
　　(1) 国際図書館連盟(IFLA)　37／(2) 世界知的所有権機関(WIPO)　38

4 障害者サービスの利用登録……………………………………………………38
        (1) 利用登録の必要性　38／(2) 障害者手帳によらない利用登録—障害者
        サービス著作権ガイドラインの活用　39

第4章　障害者サービスの歴史と現状……………………………………………41
    1 歴　　史……………………………………………………………………41
        (1) 戦　前　41／(2) 新たな視点での障害者サービスの始まり「公共図書
        館の蔵書を障害者に開放する」　42／(3) 視覚障害者サービスの進展
        44／(4) 図書館利用に障害のある人へのサービスへと拡大　45／(5) 障害
        者サービス年表(公共図書館を中心に)　47
    2 障害者サービスの現状……………………………………………………50
        (1) 実施率，実施地域　50／(2) サービスの現状　51

第5章　障害者・高齢者に使いやすい施設・設備………………………………55
    1 図書館の基本設計…………………………………………………………55
    2 図書館までのアクセス……………………………………………………56
    3 障害者・高齢者に配慮した施設・設備…………………………………57
        (1) 館内の表示，サイン　57／(2) 障害者用駐車場　58／(3) スロープ
        58／(4) 館内の誘導点字ブロック，案内システム　59／(5) 階　段　59
        ／(6) エレベーター　60／(7) 障害者用トイレ，多目的トイレ　60／
        (8) カウンター・閲覧机　60／(9) 磁気誘導ループ(集会室，カウンター)
        60／(10) 聴覚障害者用緊急連絡システム，案内システム　61／(11) 書　架
        61／(12) 手すり，ドア　61
    4 障害者サービスのための施設……………………………………………62
        (1) 対面朗読室，録音室　62／(2) 障害者用読書室　62／(3) 資料製作
        のための作業室　62
    5 障害者用支援機器を使ったサービス……………………………………63
        (1) 拡大読書器　63／(2) 音声パソコンによるインターネット等の利用
        64／(3) 音声読書機(自動活字読み上げ機)　65

第6章　障害者サービス用資料とその製作………………………………………67
    1 障害者サービス用資料……………………………………………………67
        (1) 点字資料　67／(2) 録音資料(カセットテープ→DAISYへ)　68／

(3) DAISY（デイジー）資料　　68／(4) テキストデータ　　70／(5) 大活字本，拡大写本　　70／(6) リライト，LL ブック　　71／(7) 布の絵本，触る絵本　　72／(8) 字幕・手話入り DVD・ビデオ，副音声つき DVD　　72／(9) ピクトグラム　　73／⑽ アクセシブルな電子書籍　　73

2　資料の入手方法………………………………………………………………74

　　(1) 購　　入　　74／(2) 寄　　贈　　75／(3) 相互貸借，インターネットからのダウンロード　　75／(4) 自館製作　　76

3　インターネットを利用した DAISY データ等の配信サービス「サピエ図書館」と「国立国会図書館」…………………………………77

　　(1) 障害者サービス用資料データの収集　　77／(2) 資料の検索　　77／(3) ダウンロードとストリーミング再生　　78／(4) サピエ図書館・国立国会図書館サーチの障害を持つ利用者のためのサービス　　79

4　障害者用資料製作の現状……………………………………………………79

　　(1) 図書館が資料を製作する理由　　79／(2) 資料の製作者　　80／(3) 資料製作の現状　　80

5　図書館協力者の役割と図書館との関係……………………………………82

6　図書館協力者（音訳者・DAISY 編集者）の養成…………………………83

　　(1) 養成講座の必要性　　83／(2) 音訳者・DAISY 編集者に求められる技術　　83／(3) 音訳者養成講座のカリキュラム例　　85

7　録音資料製作の方法（例）…………………………………………………87

　　(1) 製作の手順　　87／(2) 録音図書の形式　　88／(3) 録音資料製作の具体的手順（例）　　91／(4) インターネットを活用した録音等資料製作　　92

第 7 章　図書館利用に障害のある人々へのサービス ……………………93

1　対面朗読………………………………………………………………………93

　　(1) 対面朗読とは　　93／(2) 対面朗読を行う人　　96／(3) 対面朗読の留意点　　96

2　録音資料・点字資料の郵送貸し出し………………………………………98

　　(1) 準　　備　　98／(2) 郵送貸し出しの方法　　99

3　郵送貸し出し（一般図書・雑誌，障害者用資料）………………………102

(1) 心身障害者用ゆうメールを用いた方法　102／(2) 郵便，宅配業者を用いた方法　103
4　宅配サービス……………………………………………………………………103
　　(1) 宅配サービスの考え方　103／(2) 宅配サービスの方法　104
5　施設入所者へのサービス………………………………………………………104
　　(1) さまざまなサービス形態　104／(2) 施設との連携　105
6　入院患者へのサービス…………………………………………………………105
　　(1) 入院患者と情報，患者図書室　105／(2) さまざまなサービス形態　106
7　高齢で図書館利用に障害のある人へのサービス……………………………107
　　(1) 障害者サービスと高齢者サービスの関係　107／(2) 拡大文字資料，拡大読書器　107／(3) 従来からある障害者サービスの活用—対面朗読，郵送貸し出し，宅配サービス等　108／(4) 高齢者施設等でのサービス　108
8　障害を持つ子どもたちへのサービス…………………………………………109
　　(1) 個々にあった障害者サービス用資料　109／(2) 読書支援用具の活用　110／(3) 学校との連携　110
9　聴覚障害者へのサービス………………………………………………………111
　　(1) コミュニケーションの確保　111／(2) サービス　112
10　多文化サービス…………………………………………………………………112
11　受刑者等矯正施設入所者へのサービス………………………………………113

第8章　障害者サービスを始めるために—PR方法……………………………115
1　準　　備…………………………………………………………………………115
　　(1) 障害者サービスの理念や方法を学ぶ　115／(2) 自館の状況を把握する　116／(3) 地域・利用者の状況を把握する　117／(4) 必要な法規，規則等を集める　119／(5) 実施のための具体的技術を習得する　119
2　障害者サービスの実施計画を作る……………………………………………120
　　(1) 障害者サービスのプログラムを作成する　120／(2) 年度計画を作成する　121／(3) 障害者サービスの規則，要綱等の整備　121／(4) 利用案内の作成　123

3　障害者サービスのPR………………………………………………………124
        ⑴　口コミサービスの質が問われる「一度来た利用者を逃さない」　124
        /⑵　図書館ウェブページ，障害者用利用案内，障害者用資料目録，ポス
        ター，チラシ　124/⑶　直接PR　126/⑷　自治体内，福祉関係者へ
        の周知　126/⑸　障害者や家族を対象とした催し物の開催　127
第9章　障害者サービス関連法規・規則………………………………………129
    1　著作権法……………………………………………………………………129
        ⑴　日本の著作権法の構造，関連条文　129/⑵　第37条第3項「視覚障
        害者等のための複製等」の解説　130/⑶　図書館ができること　132
        /⑷「障害者サービス著作権ガイドライン」の解説　133/⑸　著作権第
        37条の2「聴覚障害者等のための複製等」の解説　134
    2　郵便法と関連規則…………………………………………………………135
        ⑴　第4種郵便（点字）　135/⑵　第4種郵便（特定録音物）　135/
        ⑶　心身障害者用ゆうメール　136/⑷　聴覚障害者用ゆうパック　136
    3　図書館利用に役立つ福祉制度……………………………………………137
        ⑴　日常生活用具給付制度　137/⑵　ガイドヘルパー　137/⑶　タク
        シー券，福祉バス　138
第10章　障害者サービス　今後の展望…………………………………………139
    1　図書館は障害者の情報入手のための総合窓口…………………………139
        ⑴　すべての市民が利用できる　139/⑵　公共図書館を基点にさまざま
        な施設と連携して障害者への情報提供を行う　139/⑶　全国3,200以上
        のサービス窓口　141/⑷　多彩なサービス方法を持つ図書館　141
    2　これからの日本社会と図書館……………………………………………141

あとがき……………………………………………………………………………147

参考資料……………………………………………………………………………149
    1　「視覚障害者の読書環境整備を：図書館協会会員に訴える」（視
        覚障害者読書権保障協議会）…………………………………………………150
    2　「公共図書館における障害者サービスに関する調査研究」に見る

障害者サービスの現状と推移(図書館雑誌2012年5月号)……………151
　3　著作権法関係条文，障害者サービス著作権ガイドライン ……………153
　　　(1) 著作権法　　153／(2) 著作権法施行令　　154／(3) 図書館の障害者サービスにおける著作権法第37条第3項に基づく著作物の複製等に関するガイドライン　　155
　4　障害者に関する条約………………………………………………………155
　　　(1) 障害者の権利に関する条約　　155／(2) IFLA「情報へのアクセスと開発に関するリヨン宣言」　　156／(3) 世界知的所有権機関WIPO「盲人，視覚障害者及び読字障害者の出版物へのアクセス促進のためのマラケシュ条約」　　156
　5　障害者に関する法令………………………………………………………157
　　　(1) 障害者基本法　　157／(2) 障害を理由とする差別の解消の推進に関する法律(障害者差別解消法)　　157
　6　参考にした資料……………………………………………………………157

索　　引………………………………………………………………………………159

目　次　ix

序　章

障害者とは

1　そもそも障害者とは

(1) 障害者の数―日本はいちじるしく障害者の割合が低い？

　一言で「障害者」といっても，その意味するところは人によりずいぶん違うのではないでしょうか。

　そこで，まず多くの人がイメージするであろう「心身障害者」の数を見ていくことにします（厚生労働省「平成23年生活のしづらさなどに関する調査結果の概要」から数値をもらいました）。

　身体障害者手帳を持っている人の数は，2011（平成23）年12月の推計値で，総数　386.4万人です。内，視覚障害31.6万人（障害者の8%），聴覚・言語障害32.4万人(8%)，肢体不自由170.9万人(44%)，内部障害93.0万人(24%)，不詳58.5万人(15%)となっています。この他に，知的障害者62.2万人，精神障害者56.8万人がいます。

　この中で，たとえば視覚障害者の数は31.6万人とされていますが，その数に毎年そんなに変わりはありません。ところが，日本眼科医会の調査では視覚障害を有する患者が164万人(2007年時点)いるという見解を出しています。この5倍もの違いは何でしょうか。

　また，アメリカの15歳以上の視覚障害者(Difficulty seeing)の数は807.7万人で，対象人口の3.3%です。日本の0.24%と比べると大きく違っていることが分かります。日本人はアメリカ人に比べて視覚障害者になりにくい体質とは

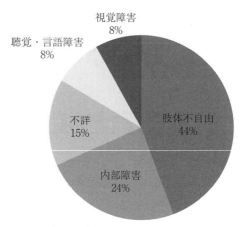

図序-1　身体障害者手帳保持者数

考えられませんので，そこには障害者に対する大きな意識の違いがあるはずです。

　ではなぜ日本では，障害者の割合が低いのでしょうか。それは，次のような原因が考えられます。①自分が障害者であると知らない(自分の状態が障害であると認識していない)。②障害者になりたくない，障害者手帳を持ちたくない(障害者手帳を持つということは社会的に障害者として確定してしまう)。③日本の障害者の種類やその認定方法に問題がある。④障害者手帳を持っても特に意味がないと考えている(軽度の障害認定では特にそうかもしれません)。このように，医学的・機能的な障害だけを見ても，実はもっとたくさんの障害者がいるものと想像されます。

　最近，発達障害が社会に認知されつつあります。発達障害の一種に学習障害(LD)があり，その一部がディスレクシアといわれる障害です。いわゆる目も普通に見え思考力も正常であるのにもかかわらず，文字を目で見て内容を理解することが困難な人たちです。そのため書くことも困難な人もいます。欧米のアルファベットの国では人口の6％ほどがこのディスレクシアであるといわれています。日本の統計ではそこまでの割合にはなっていませんが，たとえば

40人学級に2人くらいの子どもがディスレクシアである可能性があります。ディスレクシアという障害を知っていれば適切な対応や資料により，きちんとした教育を受けることができます。しかし，親や教員がその障害を知らなければ，目も頭も正常なのに本を読んだり勉強をしたりできない子ども(場合によってはとんでもないなまけものの子ども)のように思われてしまっています。実は従来の障害の概念にない，さまざまな障害者がいるのです。

　前述の厚生労働省調査では，日本の障害者の総数として，身体障害者手帳保持者・療育手帳所持者・精神障害者保健福祉手帳所持者に加え，障害者手帳等を所持していないがそれと同等あるいは「障害による日常生活を送る上での生活のしづらさがある者」を考えています。(以下引用で)「今回の調査結果を反映させた我が国の障害者の総数(推計値)は787.9万人(人口の約6.2％)となります」とあります。

　この人口の6.2％というのを意外に多いと感じられた方もいるかと思います。しかし，実はこの数も氷山の一角に過ぎません。心身障害者や新たに認識されてきている障害者だけを見ても，もっとたくさんの障害者がいます。障害者は特別な人ではなく，身近にたくさんいる人たちなのです。

(2) 障害者の定義の変化—機能障害・社会的障害から環境因子を組み合わせた理解へ

　障害者というと先にあげたような医学的・機能的な障害やそれによる社会的な障害を考えがちです。しかし，世界ではさらに障害者を広い視点から定義しています。もちろん，障害者手帳の有無が障害者を決めるものではありませんが，社会が障害者として捉えなければならない人たちが多くいるのです。

　1995年に制定された日本の障害者基本法では，第2条で「身体障害，知的障害，精神障害(発達障害を含む。)その他の心身の機能の障害(以下「障害」と総称する。)がある者であつて，障害及び社会的障壁により継続的に日常生活又は社会生活に相当な制限を受ける状態にあるものをいう。」とされています。

　世界保健機構(WHO)が1980年に発表した「国際障害分類(ICIDH)」では，

障害を「身体・個人・社会」という3つの概念に分けた上で「機能障害」→「能力低下（障害による活動の制限）」→「社会的不利（結果的に個人の不利益）」という3つからなると定義していました。

これには，障害のとらえ方が医学的である，個人の障害に起因するものとしている，社会環境の側の要因が考えられていない等の批判もありましたが，障害を社会的不利益としたことに意味があったと思います。

また，この時点では障害の概念として，「医学モデル」と「社会モデル」という2つの考え方がありました。医学モデルは従来からあるもので，障害を個人に起因するものとしてとらえ，医師等による治療やリハビリテーションに重点を置いたものです。社会モデルは障害を社会によって作られるものとしてとらえ，社会のシステムを変えることで解決できる問題としています。

そこで，この2つの相反する考え方を統合し望ましい障害の定義を作ることを目的に，WHOは2001年に，ICIDHの改訂版である「国際生活機能分類（ICF）」を発表しました。

ICFは，心身機能に障害のある個人を個人因子と環境因子との相互関係から捉えようとしたものです。人間の生活機能と障害を，「心身機能・身体構造」「活動」「参加」の3つの次元に分け，3つの次元に問題がある状態を障害であるとしています。それぞれ「機能障害」「活動制限」「参加制約」といいます。これらは，個人の障害だけに起因するものではなく，多くの環境因子との関係からなるものと考えています。環境因子は，家族・制度・建築物等の生活環境を活動や参加に与える影響という視点で分類したもので約1,500ほどあります。

障害を個々の障害状態から捉えるのではなく，社会の側・環境因子を含めた総合的な問題として考えていくことが大切です。

2　本書を読まれる方へ

本書は，障害者の情報環境を考える上で，図書館の役割を明確にし，図書館がどのような考え方でどのようなサービスを行うかを具体的に示したものです。

本書の主な目的は，障害者サービスを学ぶ学生や初めて障害者サービスを担

当する図書館職員等を対象に，公共図書館の障害者サービスの概要を知っていただくことにあります。学校図書館や専門図書館においても，その理念やサービス方法は参考になることと思います。そして，今後連携して障害児・者への情報提供をしていくためにも，ぜひご理解いただければと思います。また，音訳者・DAISY（デイジー）編集者等の図書館協力者の皆様にも，障害者サービスの理念やサービス方法を知ってもらうと共に，その養成内容や録音資料製作の方法についても学んでいただけます。

各地で行われている図書館職員を対象とした障害者サービス研修会では，先進事例を学ぶことが多いようです。もちろんそれも大切ですが，まず正しい理念・基本を学ぶことが重要だと考えます。理念と事例の両輪が必要です。ところが残念なことに，障害者サービスという研修自体が行われていない地域があまりに多いのです。研修もなく，近くに先進図書館もなく，さらに県立図書館での実施率も低い，これでは障害者サービスが進展するはずがありません。

また，大学教育の司書課程・講習でも，障害者サービスの学習にはあまり時間がかけられてきませんでした。その分野の研究者もわずかです。司書の勉強をしても障害者サービスを本格的に学んでこなかった人がほとんどではないでしょうか。

本書は，このような状況を考え，最初に障害者の情報環境や障害者に対する図書館の役割を明らかにした上で，障害者サービスの基本的な考え方から，対象となる利用者，障害者サービス用資料，主なサービス，著作権法等の関連法規等，サービスを行う上で必要な基本知識を簡潔にまとめました。

障害者サービスがすべての図書館で当たり前に行われ，図書館が障害者・高齢者等への情報提供窓口になるよう期待しています。「障害は障害者にあるのではなく，図書館のサービスにこそある」，誰もが使える図書館になっていくことを願っています。

3　図書館の障害者サービスの普及が思うように進んでいないのはなぜか——福祉サービスと混同していないか

　図書館の障害者サービスは、すべての人にすべての図書館サービス・資料を提供するという、いわば図書館の基礎的なサービスです。それなのにサービスの普及が思うように進んでこなかったのはなぜでしょうか。

　その最大の理由は、障害者サービスの理念が正しく理解されてこなかったことにあると思います。

　そもそも、障害者サービスという言い方が障害者への対象別サービスという誤解を招きやすい表現です。さらに、福祉的なサービスのように考えられてしまったことが最大の問題であると思います。たとえば、「点字図書館があるのでそちらにお任せしている」とか、「障害者サービスが必要なのは分かるが、今予算や人員が足りないので実施できない」等の言葉を聞くことがあります。こういう言葉を聞くにつれ、理念が正しく理解されていないなと感じます。

　大切なことは、図書館で障害者サービスが行われていないと、そこに住む多くの障害者や高齢者はまったく図書館が利用できなくなっているということです。図書館が利用できなくなっているということは、情報入手が困難な状態になっていると言い換えることができます。一般に障害者や高齢者は情報入手に困難な状況(情報障害者)にあり、図書館こそがたよりです。その図書館からも置き去りにされている状態はゆゆしき問題です。

　以前は著作権法が「障壁」となり、思うように障害者サービスが実施できないという課題がありました。しかし、法改正により 2010 年 1 月 1 日からそのような著作権法上のバリアはかなり解消されています。結果、サービスが実施できていないのはほとんど図書館側の責任であり、課題は図書館やその職員にあります。

4　障害者の権利に関する条約が求めていること——日本社会の課題

　障害者の権利に関する条約(2006 年 12 月国連採択、2014 年 1 月日本批准)では、

「第2条　定義」で「障害に基づく差別には，あらゆる形態の差別（合理的配慮の否定を含む。）を含む。」としています。

そして，この条約では合理的配慮について，「合理的配慮とは，障害者が他の者との平等を基礎として全ての人権及び基本的自由を享有し，又は行使することを確保するための必要かつ適当な変更及び調整であって，特定の場合において必要とされるものであり，かつ，均衡を失した又は過度の負担を課さないものをいう」となっています。

障害者に合理的配慮をしなくてはならないというのは，この条約の根幹をなす考え方で，合理的配慮とは「均衡を失した又は過度の負担を課さないもの」とされていて，つまりたとえば技術的・経済的に判断して（要するに合理的に考えてできうること）という意味です。大切なのは合理的配慮をしましょうという努力目標ではなく，合理的配慮をしなくてはならないといういわば義務になっている点です。

この条約の批准に向けて，わが国では「障害者基本法」「障害者総合支援法」「障害を理由とする差別の解消の推進に関する法律（障害者差別解消法）」等さまざまな国内法の整備を行ってきました。2009年6月の著作権法改正もこの条約を背景にしています。今後も引き続き国内法の整備が求められています。

図書館だけではなく日本社会（公的機関・民間企業・個人も）は，障害者の利用・参加について合理的配慮をしなくてはなりません。差別解消法では，2016年4月1日から，公的機関には合理的配慮を義務化，民間企業には努力義務を課しています。障害を理由に利用できないような施設やサービスは許されません。

今後さまざまな障害者が，図書館等を利用し，合理的な配慮を求めてきます。図書館は，これを法的義務だから何とかしなくてはならないと考えるのではなく，逆にチャンスととらえ，自らすべての人が利用できるサービス・施設に変わっていく必要があります。

実をいうと，図書館の障害者サービスは以前からこの考え方に近い理念で行われてきました（残念ながら，前述のように全員に理解されていたわけではありま

せんが)。そこで,従来からのサービスも今後も拡充しつつ行われていくものと考えます。まずは,従来実施してきた基本的な障害者サービスをすべての図書館で実施することが大切です。その上で,不十分な部分を見つけ,さまざまな障害者を意識した新たなサービスを考えていきます。

また,障害者の情報保障は図書館だけが行うものではありません。社会全体として,どこが何をすべきなのか。その中で,図書館の役割は何なのか。これからますます,図書館の障害者サービスは重要となり,サービスの普及と進展が求められています。

第1章

障害者と情報

1　情報障害者といわれる人たち

　障害者の中には，情報障害者といわれる人たちがいます。情報提供手段として最も使われている視覚情報（活字や画像など）が使えない視覚障害者と，音声情報が入手できない聴覚障害者が特にそれに当たります。障害者には，個々の障害により，さまざまな機能的・社会的・環境因子から来るハンディキャップがありますが，それにあわせて情報入手の障害があるわけです。

　また，視覚・聴覚障害者に限らず，多くの障害者は移動の障害やコミュニケーションの障害を持っています。日本語とは文法の違う「日本手話」を使う聴覚障害者には，コミュニケーションの障害は大きなものです。

　視覚情報は，全体の8割以上であるといわれています。目による情報は，他のものに比べ，情報量が大きい，一度にたくさんの人に伝えられる，保存しやすい，距離の制限がない等の特徴があり，「見える人にとっては」大変便利なものです。そのため，ほとんどの情報が視覚によるものか，それを組み入れたものになっています。たとえば，テレビや映画を目をつぶって音だけを聞いてみると中途半端なことしか分からないのではないでしょうか。同じように，今度は音を消してテレビや映画を見てみてください。これは，もっと内容のわからないものになるのではないでしょうか。一部の聴覚障害者の中には，文字言語がうまく使えない人がいます。目が見えるのだから文字が読めるだろうというのは誤りです（もちろん普通に文字が使える聴覚障害者もたくさんいます）。

これらの情報障害というのは，現代社会を生きていくためには大きな問題です。学校での勉強だけではなく，家庭で生きていくためにも，仕事をするためにも，社会で生きていくためにも情報は不可欠です。よりよい生活をするためには情報が必要です。

2　情報障害者になってしまう理由

　障害者の立場に立って，現代社会の情報環境を見てみると，次のような問題があります。

(1) 障害者が使える形の本・情報が販売されていない

　一般の活字資料が使えない視覚障害者や高齢者には，拡大文字版・録音版・点字版図書等が有効です。ところが，障害者が使えるそのような形態の本はほとんど販売されていません。視覚障害者用のデジタル録音図書DAISY（デイジー）でさえ，年間販売量は100タイトルほどです。

　電子書籍を見ても，障害者が使えない・使いにくいものがほとんどです(そもそも，最初から障害者や高齢者を意識して開発されていません)。

　つまり，障害者が自分で使える形態の本・情報を買おうとしても売っていないのです。

(2) インターネット・パソコン等のIT機器の利用が難しい(操作ができない，アクセシブルでない)

　現代の社会では，インターネットの利用は生活に欠かせません。ところが，これも障害者を意識して開発されておらず，障害者にとって使いやすいものになっていません。障害者用に，画面を読み上げる音声化ソフトや特殊なキーボード等の開発は行われていますが，まだまだ誰もが簡単に使いこなせるものではありません(価格もけっして安くありません)。

　障害者は，高齢者や操作に不自由な人も多く，IT機器はやさしいものではありません。

インターネットのサイトを見ても，障害者のアクセシビリティーを意識して作成されておらず，音声パソコンでは音が出なかったり，難しい操作を要求されたりします。

しかし，IT の発達は障害者に大変大きな可能性をもたらしました。今まで人の支援を受けなくてはできなかったことがパソコンを使って自分ひとりでできるようになってきています（私が視覚障害者でも図書館の仕事ができるのは音声パソコンのおかげです）。

ただ残念なことに，日本では誰もが使うことを意識した，障害者に使いやすい機器やウェブサイトは大変少ないということです。

(3) 経済的に障害者用資料や IT 機器類が購入できない

本来障害者のためにこそ普及してほしいパソコンや IT 機器ですが，残念ながら購入そのものが難しい人も多くいます。

そもそも，障害者用に開発されたものは価格が高いということもありますが，障害者の経済的な意味での収入が低く，とてもそういうものに回すお金がないからです。一般に障害者は就職率が低く，仕事についていても授産施設や非正規雇用等厳しい状況におかれています。生活するのがやっとの中でパソコン等を購入する余裕がない人がたくさんいるのです。

なお，福祉制度として IT 機器や障害者用資料を購入する上での補助があります。しかし，これも障害の種類や等級を限定していたり，利用回数に制限があるなどで，利用したい人すべてが利用できるようになっていません。逆に障害者用の機器類が一般の競争市場に上がってこないため，価格が安くならないという問題もあります。

以上のように，障害者を取り巻く情報環境は大変厳しいものです。図書館の障害者サービスには，それを何とかするための大きな可能性があるのです。

3 障害者の情報入手の現状

(1) 情報入手の手段

障害者の情報環境はまだまだ厳しいものですが、それでは、実際にはどのような方法で情報入手をしているのでしょうか。以下で、その方法と問題点を説明します。

① 家族による情報提供と保障

多くの障害者は、家族が頼りです。日常生活に必要なものは、ほとんど家族に頼っているのではないでしょうか。ただし、家族はそんなに時間はかけてくれません。生活にすぐ困るようなことが中心であり、自分の楽しみのための読書はまずできないといっていいでしょう。また、障害者のみの世帯となると、その家族による支援はそもそも無理ということになります。

② ボランティア・ヘルパーによる情報提供と保障

障害者というとボランティアをお考えになる方もいるかと思います。ボランティアの課題は、活動内容にもよりますが、数に限りがあること(地域によっては、いないところもあります)、その質です。ボランティアは全国同じように組織されているわけではありません。ボランティアを見つけること自体ができないところもあります。また質の問題としては、むずかしいものを読んだり書いたりするのは、誰もができるわけではありません。福祉のホームヘルパー制度がありますが、これには障害の種類や程度(介護認定等)により、利用の内容や回数に制限があります。

③ 視聴覚障害者情報提供施設等の専門機関による情報提供

点字図書館は法的にいうと、視聴覚障害者情報提供施設のひとつです。最近は聴覚障害者のための情報提供施設も出てきました。現在の点字図書館は、戦後まもなく視覚障害者への情報提供を目的に設置されたものです。録音・点字資料の製作提供等のサービスを行っています。これを利用されている人たちには大変便利な施設です。ただ残念なことにそれを知らない障害者もたくさんいることと、原則として視聴覚障害者のみが対象であることが課題です(一部、

利用対象者の拡大をしている施設があります）。

④ 公共図書館

　公共図書館のサービスの課題は，なんといっても障害者サービスを実施している館が少ないということです（全体の2〜3割程度）。また，その実施に地域差が大きいということと，サービスの質に差があるということです。充実したサービスを実施している館が近くにあれば点字図書館と公共図書館のそれを使い分けて満足のいくものになりますが，残念ながら公共図書館のサービスを受けられない人たちがたくさんいます。

⑤ テレビ・ラジオ等による情報入手

　実は，これだけが情報入手手段という障害者も結構います。家族と話をする以外は，テレビ・ラジオだけということです。これらのメディアの課題は，情報が一方通行であらかじめ決められたものだけです。自分の欲しい情報を自由に探すことはできません。

⑥ インターネット・スマートフォン等を利用した自らの情報入手

　インターネットやスマートフォンは現代社会には不可欠なものになっています。しかし，残念なことにそれを使えない・購入できない障害者が多数います。

(2) IT機器が使える人と使えない人の情報格差

　同じ障害者でも，IT機器が使える人と使えない人の情報格差が大きな問題になっています。

　たとえば，音声パソコンではインターネットを利用していろいろな情報を得ることができます（一部アクセシブルでないために使えないサイトもありますが）。スマートフォンの一部の機種でも音声環境で使うことができます。

　これらを使える人は自ら知りたい情報を得ることができますが，実際に使える人となるとそんなに多いわけではありません。これは障害者だけではなく，一般の方々もそうかと思いますが，使える人と使えない人の情報格差が広がっています。障害者に使いやすいIT機器の開発と，アクセシブルなウェブページの作成が求められます。障害者が使いやすいものは，高齢者等にとっても使

いやすいものであると思います。

4　障害者への情報提供のあり方

(1) 情報はそれを出しているところが自ら障害者への情報保障を行う

　今まで単に「情報」という言葉を使っていましたが，情報は大きく2つに分けられると思います。それはパブリックな情報とプライベートな情報です。図書館は，主に前者に責任を持つ施設であると考えます。ここではその両方をあわせて，そもそも障害者の情報提供はどこがどう行うべきかについて考えていきます。

　「障害者の権利条約」が障害者への合理的配慮をすべきとしているのは，社会のすべてに対してであると考えます。それを情報から考えてみると，「情報はそれを出しているところが障害者への情報保障をすべきである」ということになります。

　市役所の文書は市役所が，職場の文書は職場が，受診料の通知等の民間企業からの手紙はその企業が，障害者への情報保障を自ら行うべきと考えます。具体的には，直接なら代読や代筆ということになりますが，障害者が使える形での情報提供という方法もあります。点字・拡大文字・録音物・テキストデータなどのアクセシブルな方式です。さらに，本来なら出版物は出版社が自ら障害者が利用できるようにしなくてはならないということになります。アクセシブルな電子書籍形態での出版等が考えられます。

　市役所や銀行職員による代読や代筆は，すぐにでもできるはずです。職場の文書は，そもそも外部の人に読んでもらったりしては困るのではないでしょうか。アクセシブルな電子書籍のフォーマットはすでにあるのですが，日本ではあまり普及していません。要するに，やろうとすればできることはたくさんあるのです。

　また，図書館の利用をすべての人に保障するのは，図書館の責務であることはいうまでもありません。

　日本社会は，障害者の情報保障をどこが行うのかという責任の所在が曖昧で

した。何でもボランティアに委ねてしまうような間違った考えもありました。情報は，それを出しているところに基本的な責任があるものと考えます。

(2) アクセシブルな電子書籍等の発行

　電子書籍は，障害者にとってとても大きな可能性を持っています。パソコンや携帯電話，タブレット端末などを用いて，自ら利用することが可能になるかもしれません。「かもしれません」としたのは，電子書籍フォーマットや再生機がアクセシブルでなければ，結局，紙の本と同じように障害者が使えないものが世に氾濫してしまうかもしれないからです。

　アメリカでは，障害者が使えないような電子書籍やパソコン等を販売することが許されませんので，最初からそういうことに配慮したものが出版されます。しかし，日本にはまだそのようなコンセンサスはありません。出版界の一部で障害者への配慮を検討していますが，全体の合意事項とまではなっていないようです。

　電子書籍の不正コピーを防ぐために，特殊なDRM（電磁的保護システム）を用いる例も多くあります。そのせいで音声パソコン等での利用ができなかったり，マウスやキーボードが自由に使えない障害者にとって不便なものになっていたりしています。

　アメリカの例等を参考にして，障害者にもアクセシブルな電子書籍の出版をしてほしいと思います。最初から障害者も利用できる出版物の出版が基本です。その上で，自ら購入したい人は購入し，図書館から借りたい人は借りることができるようになり，やっと読書環境が健常者と同じ状態になります。

(3) アクセシブルな資料や機器が使えない，使いにくい人のために

　ところで，いくらアクセシブルな電子書籍やパソコンソフトが販売されたとしても，やはりそれを利用できない障害者がいます。寝たきり状態や指が自由に動かせない人等には，それは使えないものであるかもしれません。高齢者にとっても使いにくいものがあるのではないでしょうか。市役所の窓口で代読と

代筆を行っていても,そこまで行けない障害者も多くいます。点字が読めない視覚障害者もたくさんいます。

社会全体として障害者へのアクセシビリティーに配慮したとしても,やはりそれでも使えない人たちがいるのです。

そのような人たちのために,福祉サービスがあるのだと思います。たとえば自宅派遣型の代読代筆サービス等がそれにあたります。ところが,残念なことですが,この福祉サービスもきちんとできていないのです。自治体によって対応がさまざまです。早い整備が求められます。

5　障害者と情報ボランティア

障害者と情報というと,ボランティアを考える方も多いと思います。点訳・音訳等の情報ボランティアは,有名です。「全国音訳ボランティアネットワーク」という全国組織もあります。

以前から,障害者の情報保障をこの情報ボランティアが担ってきました。

情報ボランティアは,点字図書館に所属している人,市町村の社会福祉協議会にあるボランティアグループに所属している人,独自のグループ活動をしている人に分けられます。ボランティアではありませんが,公共図書館の図書館協力者として音訳・点訳などを行っている人もいます(後述します)。

ボランティアは,個人の責任で自主的自発的に報酬を得ないで行うのが原則です。自由にフットワーク軽く活動できる点がよいところですが,責任という意味では難しい部分があります。

日本は,世界に類をみないほど点訳・音訳ボランティアが多い国です。外国からは,そんなにボランティアがいるのだからかなりの点訳・音訳資料ができているのでしょう,といわれています。しかし,そうはなっていません。

点訳・音訳等の資料変換には,高度な専門技術を必要とします。また,日本語という難しい言語(表意文字)を音訳などするため,アルファベットにくらべて大変難しい作業になっています。そのため,どうしても技術の個人差が生じます。質にばらつきがあるのが課題です。

また，活動内容にもよりますが，地域によって活発な活動をしているところがある半面，ほとんどグループがない地域もあります。利用する障害者にとっては，たまたま住んでいるところにより，不便なことになってしまいます。
　さらに，ボランティアの高齢化も大きな問題です。募集しても若い人が入って来ません。それは，以前とは日本の経済・仕事状況がずいぶん変わってしまったことによります。現在は夫婦共働きが普通になり，昼間長時間のボランティア活動をする余裕がなくなってしまったからです。
　ボランティアのあり方や役割について，きちんと論議する必要があるのではないでしょうか。

第2章

障害者サービスとは何か

1　障害者サービスの誤ったイメージ

(1) 障害者を対象とした「対象別」「特別な」サービスではない

　障害者サービスは，その名称から障害者への対象別サービス，つまり障害者のために図書館が何ができるか，というように考えられてきました。児童サービスが子どもへのサービスであるように，障害者へのサービスであると考えられてきたものです。

　また，障害者へのサービスとなると，どうしても一般市民へのサービスよりも後回しになってしまう傾向にありました。総論としては障害者のためのサービスは大切だと考えていても，それよりもまず，図書館は，今ここにいる一般利用者へのサービスをしなくてはならないと考えてきたのです。それは，障害者へのサービスが「特別なもの」と考えられてきたことにもよります。

　しかし，障害者サービスは，対象別サービスでも特別なものでもありません。

(2) 「恩恵的な」サービスではない

　今，「総論としては障害者のためのサービスを大切だと考えている」と書きましたが，それは恩恵的な考えである可能性もあります。恩恵的とは，困った人がいるので手を貸してあげよう，助けてあげようというものです。

　しかし，この恩恵的な考え方というのは，私は感心しません。「何々してあげる」というのは，対等な人間関係ではありません。自分が一方的に高い位置

に立ち，困っている人に手を貸してあげる，手を差し伸べてあげるイメージです。

図書館のサービスが，このような恩恵的なものであってはならないことはいうまでもありません。

(3) 視覚障害者サービスではない

障害者サービスは，その歴史的背景や必要性から視覚障害者へのサービスから始められました。公共図書館のそれは点字図書館から学ぶことも多く，また実際に録音や点字資料を必要としている利用者が多いことから，視覚障害者へのサービスであると思われてきました。

さらに，視覚障害者へのサービスとなると，点字図書館があるので公共図書館では行わずにそちらに任せようという誤った認識にもつながっています（歴史的にもそのような誘導がなされた時期がありました）。

ところが，たとえ録音図書だけについて考えてみても，その利用者は視覚障害者に限りません。肢体障害の方や寝たきり状態の方，発達障害等活字の資料がうまく利用できない人にとっても，録音図書は有効です。

図書館のサービスや資料がうまく利用できない人は，視覚障害者に限りません。図書館利用に障害のあるすべての人が，対象者なのです。

(4) すべての人に関係のあるサービス—誰もが高齢者になる，誰もが障害者になるかもしれない

このように，障害者サービスの対象者は大変幅広いものですが，障害者は特別な人，自分とは関係ない人と思っていないでしょうか。

障害者サービスのひとつに高齢者サービスがありますが，高齢者には誰もがなります。これからの超高齢社会において，高齢者へのサービスは，ますます重要になります。

また，誰もが障害者になる可能性を持っているのです。実は私は中途の視覚障害者です。それまで自分が障害者になるなんて考えたこともありませんでし

た。図書館の障害者サービスがあったおかげで，司書の資格をとるための勉強をしたり自立するための情報を得ることができました（この話は，また別の機会にしたいと思います）。

　高齢者や障害者には，誰もがなる可能性があります。その時に，近くの図書館のサービスが，今までと同じように利用できるようになっていることが大切なのです（＊高齢者サービスを障害者サービスの一部ととらえるか，それとも独立した対象者としてサービスを考えるべきかという論議があります。ここでは，「高齢で図書館利用に障害のある人たち」を念頭に置きたいと思います。高齢になると，何らかの障害を持つ人が増えてきますので，やはり対象者と考えられると思います）。

2　障害者サービスの意味

(1) 図書館はすべての人に目を向けているか

　これまで正直に言って日本の図書館の多くは，来館してくれる人，せいぜい移動図書館のステーションまで来られる人くらいにしか目を向けてきませんでした。施設等への団体貸し出しをしている館もありますが，やはりサービスの中心は来館利用者です。

　しかし，何らかの理由で図書館まで来られない人，図書館の存在やその価値を知らない人がたくさんいます。

　日本の図書館は，社会施設として欧米ほど重きを置かれていないかもしれません。そのせいで利用率があまり高くないという問題もあります。しかし，そういう一般的な意味ではなく，本当は図書館を利用したいのだけれどもできない人，図書館が利用できる施設だとは考えていない人，図書館の意味を知らない人，そんな人たちに目を向けなくてはなりません。

(2) ノーマライゼーション社会の実現とバリアフリー

　ノーマライゼーションとは，「すべての人が共に生きる社会」であると考えます。誰もが高齢者になる，誰もが障害者になるかもしれない状況で，もし自分がそのようなことになったとしたら，人々の願いは家族とともに今までどお

りに生きていきたいということです。そしてできれば，自分の能力に応じて仕事をしたり社会に参加していきたいと考えています。どこかの施設でただのんびりしていたいと思ってはいません。仮に今そう思っていたとしても，実際にはすぐに飽きてしまうでしょう。

　ノーマライゼーションの実現のために，社会施設のバリアフリー化が進められ，誰もが使えるユニバーサルデザインの商品が開発されつつあります。日本の社会はノーマライゼーション・バリアフリーの思想で作られてきませんでしたので，高齢者や障害者に使いやすいものになっていません。ビルの入り口にある1段の段差は何のためにあるのでしょうか。その段のために車いすや足の不自由な高齢者が入るのに苦労しています。そのようなバリア（障壁）を解消するため，今あわててスロープやエレベーターをつけたりしています。最初から高齢者や障害者がみんないっしょに生きていくことが当たり前だと考えていたら，日本の社会はもう少し違う形になっていたのではないでしょうか。

　このようにハード面のバリアフリーを進めていくことも大切ですが，もっと大切なことは「心のバリアフリー」だと思います。社会だけではなく，個人個人が高齢者や障害者が共に生きていて当たり前だと思っているかということです。隣をみたら普通に障害のある人が働いている。それを当たり前と認識していることです。たとえば個人でウェブページやブログを開設している人も多いと思います。そのような方は，それを目が見えにくくなってきた高齢者や障害者が利用するかもしれないと考えているでしょうか。音声パソコンで視覚障害者が利用するかもしれないと考えているでしょうか。

　以上のように，ノーマライゼーションとは誰もが共に生きている社会のことですが，これはただ障害者等が社会に出て行こう，社会に参加しようということではありません。社会の側が高齢者や障害者が平等に使えるようになっているかということが重要です。いくら障害者が外に出ようと思っても，社会の側が障壁を作っていたのではできません。

　そして，図書館は重要な社会施設のひとつです。その図書館が誰もが使えるようになっているかどうかが問題なのです。

(3) 障害者サービスの定義「図書館利用に障害のある人々へのサービス」

　障害者サービスの定義は「図書館利用に障害のある人々へのサービス」です。これは，ノーマライゼーションの実現，つまり誰もが使える図書館にしようとするものです。「障害は障害者にあるのではなく，図書館サービスにこそある」ことを忘れてはなりません。問題は，図書館のサービスが誰もが利用できるようになっていないことです。

　私たちの先輩は以前からこの考えでサービスの普及に努めてきました。しかし，残念なことに福祉的なサービスと混同されてしまい，思うような普及にならなかったことは前章で述べた通りです。ただ図書館の障害者サービスも未発達で，福祉サービスと混同されてしまうようなことを主張する人がいたり，日本社会が障害者への対応が遅れていて社会全体としての役割分担ができなかった等の課題もありました。

　具体的には，図書館のサービスは障害者が来館することを想定しているでしょうか。図書館のヘビーユーザーだった人が高齢となり図書館の利用を諦めてしまっているようなことはないでしょうか。あなたがもし高齢者や障害者になっても，「図書館の利用には何ら問題はありません。どうぞ今まで以上に利用してください」といえる図書館でなくてはならないのです。

(4) 障害者サービスの目的「すべての人にすべての図書館サービス・資料を提供すること」

　この目的は読んでいただけば，ご理解いただけるのではないでしょうか。ただ，この定義と目的は重要なことを示しています。すべての人にすべての図書館サービスや資料を提供するのは誰が行うものでしょうか。誰もが使える図書館には誰がするのか。

　この答えは明確で，図書館が行うべきもの，つまりそこにいる職員の仕事です。誰もが使える図書館にするのは，ボランティアの仕事ではなく，職員の責務です。しかも，基本的な要素といえます。

　障害者サービスは障害者を対象とした特別なサービスではなく（もちろん福祉

的なサービスでもなく），すべての人が図書館を利用できるようにするという，図書館（またはその職員）が行うべき基礎的なサービスなのです。

(5) 全職員・すべての窓口での障害者対応と，担当者の役割

　障害者サービスでは「図書館の姿勢」が重要です。すべての窓口・カウンターで，全職員が障害者を含む誰もの利用を待っているかということです。

　障害者サービス担当の職員を置くと，障害を持つ利用者が来館されるとその担当者を探しに走ったりする例をよく見ます。しかしそれは誤りです。すべてのカウンターで，まずできることはしましょう。すべてのカウンターで障害者を迎える姿勢が大切です。職員のあわてた感じや困ったような態度はすぐに利用者に分かってしまいます。

　障害者へのサービスを担当職員だけで行おうとすると，図書館の本当の力を発揮できずに，その担当者の力量でしかサービスができません。たとえばレファレンスはレファレンス担当が行う方がよりよい結果が出るのは明らかです。障害を持つ子どものための資料は児童担当の方が得意のはずです。たとえ利用者が障害者サービスの対象者だったとしても，図書館の各担当で利用者の求める資料・情報を探し出し，それを利用する上での障害があれば（たとえば目が見えなくて読めない），ここで初めて障害者サービス担当の出番として，対面朗読なり障害者用資料を提供するなり，その利用者の使えるサービスや資料を考えていけばよいのです。図書館全体として利用者にサービスをする体制が重要です。

3　障害者への情報提供における図書館の役割

(1) 図書館の基本的役割

　これは多くの方が話されていることと思いますが，図書館というのは，① 古からの資料を収集し，② それを体系的に整理し，③ それを保存し，④ そこにある情報を「個人のニーズ」に合わせて取り出してくれるところであると考えます。ちなみに，これらのことを行うために専門技術を必要としており，司書という仕事があります。

図書館が扱う資料とは，たとえば本として出版されているものであり，それは社会的なふるいにかけて残された情報，つまり価値のある情報です。また，扱う資料は基本的にパブリックなものであり公開されているものと考えます。
　このパブリックな情報をすべての市民に提供するのが図書館の役割であると思います。民主主義の基本施設として，市民が無料であらゆるパブリックな情報にアクセスできるのが図書館です。個人では決してできない古くからの情報の収集や整理，そして必要によりそれを取り出してくれるところが図書館です。

(2) 障害者への情報提供機関

　今述べてきた図書館の役割をすべての障害者に保障することがまさに図書館の障害者サービスです。図書館は，これまで扱っていた本や雑誌だけではなく，インターネット情報や電子書籍等も資料として扱うようになりました。いずれの形態であっても，原則はパブリックな情報であると考えます。それを個人のニーズに応じて提供するのが基本です。
　詳しくは後述しますが，図書館は点字図書館や学校図書館などさまざまな類縁機関とネットワークを結び，障害者への情報提供を行います。身近で最も利用しやすいのが図書館です。障害者への情報提供の総合窓口にならなくてはなりません。

4　障害者サービスの手法

　すべての人にすべての図書館の資料を利用してもらうために，図書館では以下の手法でサービスを行っています。

(1) 資料を何らかの方法で利用者の手元に届けるもの

　肢体障害者・内部障害者・施設入所者等で，資料はそのまま使えるのだけれども図書館までは行かれないという人たちがいます。そのような利用者には，逆に資料の方をその人の手元に届ける方法があります。サービスを実施するためには施設などとの調整が必要となりますが，難しいものではなく，やる気があればすぐにでも実施できることです。ここでは簡単に紹介します。

① 郵送貸し出し　個人や施設入所者等に郵送するサービスです。無料で送れるものと割引料金で送れるものがあります。

② 宅配サービス　職員が資料を自宅まで持っていくサービスです。その場で資料案内・レファレンスの受付なども行えます。宅配業者による宅配は①の郵送サービスに含まれます。

③ 施設入所者へのサービス　施設への団体貸し出し，施設に出向いてのサービス，お話会の開催，入所者への郵送・宅配等，さまざまなサービス方法があります。

④ 入院患者へのサービス　施設入所者へのサービス同様にさまざまなサービス方法があります。最近は患者図書室を設置している病院も出てきていますので，そことの連携も考えられます。

⑤ 受刑者に対するサービス　受刑者等矯正施設に入っている人たちのためのサービスです。施設に貧弱な資料しかなければ，図書館の役割があります。

(2) 資料を利用者の使える形に変換して提供するもの

視覚障害者や発達障害者のように，活字による資料がそのままでは使えない人たちがたくさんいます。そのような人たちには，資料をその人が利用できる形に変換して提供します。

障害者サービスというと，資料を製作しなくてはならないと考えていた人もいましたが，最初から資料を製作するのではなく，相互貸借や購入等，まずはすでにできているものを入手できるかどうかを考えます。基本は必ずその人が利用できるようにすることです。

① 対面朗読　閲覧をすべての人に保障するものです。読みたいものがすぐに読め，図書館の豊富な資料の中から読みたいものを探して読んだり，必要な部分を選んで読んだりできます。

② 拡大・大活字資料　弱視者や高齢で目の不自由な人に大変有効な資料です。

③ 点字資料　点字は目による読書に近いすぐれたものです。ただ，点字が読める視覚障害者は2割以下といわれています。

④ 録音資料　カセットテープの時代が終わりデジタル図書(DAISY)に移行しています。点字のように読める方を限定しませんので，誰でも使えるのが特徴です。

⑤ LLブック(リライト資料)　やさしく短い文章に直したものです。知的障害者や発達障害者などの利用が考えられます。

⑥ 字幕・手話入りDVD，ビデオ　聴覚障害者のための資料です。聴覚障害者用の字幕・手話がつけられています。

⑦ 布の絵本・触る絵本　布でできていて，触ったり外したりして楽しめる資料です。障害のある子どももない子どももともに楽しめるものです。

(3) 図書館を利用しやすくするためのもの

　障害者や高齢者が図書館を利用しやすくするために，次のような配慮が必要です。第5章の施設・設備とあわせてできる限りの準備をします。

① 図書館が開催する催しへの障害者対応

　参加者の希望により，開催する講演会に手話通訳をつける・駅からの送迎やガイドの手配をする，などが考えられます。配布資料の点訳は無理でも，事前にテキストデータを送付しておけば音声パソコンなどで読んでおくことができます。バリアフリーの映画会(副音声・字幕つき)もよいですし，視覚障害者には隣で画面の説明をする，という方式もとれます。

　すべてに手話や点字を準備するのではなく，申し込み時に「特別な配慮が必要な方はお申し出ください」というように，図書館がいろいろな支援を行う準備があることを伝えます。

② コミュニケーションの確保(点字・手話・外国語等のできる職員の配置)

　職員と利用者のコミュニケーションの確保は重要です。

　点字を指で読むことは晴眼者にはまず無理ですが，目で読むのであれば30分も練習すればできます。簡単な点字シールを作成して貼ることも短時間の練習でできるようになります。点字の手紙でのやりとりができるようになると，図書館への信頼が高まります。

手話で複雑な会話をするまでになるのは難しいものですが，こちらの簡単な意思を伝えることはできるようになります。手話を使う人のすべてが文字言語がうまく使えるわけではありませんが，少なくともカウンターに筆談の準備をしておくことは必須です。

　外国語は，英語はもちろんですが，その地域に多く住む外国人が使用する言語での，簡単な会話ができるようになっていると便利です。

③ 障害者・高齢者に配慮したウェブサイト，利用者OPAC（資料検索端末），コンピュータ

　図書館のウェブページがアクセシブルであることは当然です。ウェブページのアクセシビリティーについてはJIS規格にもなっています。音声パソコンで利用できるようにする作り方があります。障害者や高齢者が使っているということを初めから想定して，ウェブページを作成しなくてはなりません。

　図書館の利用者OPACや館内パソコンが障害者・高齢者に使いやすいものであるかどうかの配慮が必要です。タッチパネルも使いやすいですが，操作の支援やキー入力などを必要とする場合があります。アクセシビリティーについては，図書館システムを構築する際には最初から念頭に置いて考え，システム製作業者に適切な指示をしておかなくてはなりません。

5　市町村立図書館，都道府県立図書館，国立国会図書館の障害者サービス

(1) 市町村立図書館の障害者サービス

　市町村立図書館は第一線の図書館として，直接，障害を持つ利用者にサービスを行うものです。利用者の顔の見えるサービスを行うことができます。「まずは近くの図書館に聞いてみれば何とかなる」と利用者に信頼される存在にならなくてはなりません。ただ，すべてのサービスを市町村立図書館単独で完結することは無理です。県立図書館やそのほかの関係機関と連携しサービスを構築し，利用者の身近な窓口としての存在が大切です。

サービスの方法も，対面朗読，郵送貸し出し，宅配サービス，施設入所者へのサービス，入院患者へのサービス等，およそあらゆる手法を用いて利用者の要求に応えていきます。高齢で図書館利用に障害のある人へのサービスも重要となっています。

　利用者の状況によりきめ細かなサービスを構築していくのも特徴です。地域にどのような障害者・高齢者がいるのか，どのような施設や病院があるのか，どこの国の外国人が多く居住しているのか等，その地域に一番必要なサービスから考えていきます。

　その中でも，資料の郵送貸し出し（障害者用資料，一般資料），対面朗読，宅配サービスはどこの館でも必須のものであると思います。地域のボランティアグループ・福祉関係者・類縁機関等と協力してサービスを考えられるのも地域の図書館の特徴です。

　また，館内設備として，拡大読書器・ルーペ・筆談用具等は必需品ですし，できれば磁気誘導ループなどもほしいところです。施設もなるべくバリアフリーのものが望ましいですが，無理な場合は職員のマンパワーで何とか解決していきます。

　障害者用資料として，大活字本はもちろん，点字・録音資料も購入できるものは揃えます。布の絵本も購入できるものがあります。点字絵本なども教育現場を含め利用が多くなっています。といっても，購入できる障害者用資料はとても少ないので，まずは全国的な相互貸借システム・インターネットからのダウンロードを活用して，利用者の希望になるべく応えるようにします。

　市町村立図書館で障害者用資料の製作をしているところがあります。資料製作のためには，専門知識のある職員とスキルの高い図書館協力者が必要です。そのため，すべての館で資料の製作をしようとするのは現実的でありません。将来は，国立国会図書館や県立図書館に資料の製作依頼を行い，そちらで製作してもらって利用者に提供できるようになることが理想です。

　市町村立図書館でできないようなことは，県立図書館やその他の類縁機関と連携しながらサービスを構築していきます。そのため，障害者サービスにおい

ても地元の県立図書館が市町村立図書館にどのような支援を行っているかということも重要です。

(2) 都道府県立図書館の障害者サービス
　都道府県立図書館(以下この項では「県立図書館」)の障害者サービスは，大きく2つに分けることができます。ひとつは利用者に対する直接サービスであり，もうひとつは市町村立図書館の障害者サービスを支援しサービスの普及を図ることです。以下，それぞれについて説明していきます。
① 直接サービス
　障害を持つ利用者への直接サービスはさらに2つに分けることができます。ひとつは，県立本来の図書館サービスをすべての人に利用してもらうものです。県立図書館は豊富な蔵書に裏付けられた，高度な調査研究に対応できるのが特徴です。それを障害者を含むすべての人が利用できるようにするものです。
　具体的には，対面朗読，専門書・難しい内容の図書の障害者用資料への変換(製作)と提供(郵送貸し出し)等が考えられます。対面朗読では専門書を読める音訳者が必要です。難しい内容のものの資料製作が求められるので，スキルの高い図書館協力者・職員が必要となります。市町村が収集できないような障害者用資料を収集し，障害者支援機器も積極的に導入します。
　もうひとつは，障害者サービス未実施市町村に住む障害者等のための直接サービスです。ちょうど図書館未設置地域に移動図書館車を出すように，誰もが図書館の利用ができるようにするものです。対面朗読，郵送貸し出し，施設等へのサービス等があります。本来は，市町村立図書館が行うものですから，これは市町村のサービスが進展すれば少なくなっていきます。
② 市町村立図書館の障害者サービスへの支援，協力
　市町村立図書館への協力・支援・普及活動は県立図書館の重要な仕事です。市町村立図書館が充実した障害者サービスが実施できるように支援しなくてはなりません。また，この協力支援業務を行うためには，まず自らが障害者サービスを実施し，職員がそのノウハウを持っていることも大切です。そのため，

①の直接サービスとも密接に関係しています。具体的には次のようなものがあります。

　1)県内職員研修会の実施　新人・担当者・館長等を対象とした研修会があります。

　2)サービス実態調査の実施　県内の障害者サービスの実情を把握し，市町村立図書館への啓蒙啓発につながります。

　3)さまざまな質問，相談，見学等への対応　分からないことは県立図書館に聞けばよいと信頼される存在になることが求められます。そのためには，障害者サービスに関する資料・情報の収集も欠かせません。

　4)講師の紹介，派遣　職員や音訳者研修会へ講師を派遣したり，紹介したりします。

　5)難しい内容の障害者サービス用資料の製作　全国どこにも製作館がなく，市町村立図書館が製作できない難しい資料について，市町村立図書館からの依頼による資料製作を行います。

　6)県内障害者用資料データの収集　全国総合目録に反映させると共に，さまざまな媒体の目録の作成等で利用の促進を図ります。

　7)その他，新しい資料やサービスの提供　パイロット館としてまず県立図書館が実施しノウハウを習得します。

　障害者サービスの実施未実施に地域差があるのは，県立図書館の責任も大きいと考えます。宅配サービス等の，地域に根差した利用者に寄り添ったサービスは市町村立図書館の役割であり，その市町村立図書館を支えるのが県立図書館の責務です。すべての図書館で障害者サービスが実施できるようになるためには，県立図書館の役割が重要です。

(3) 国立国会図書館の役割
① 現状
　国立国会図書館では，点字録音図書の全国総合目録の作成，学術文献録音図書(現在はDAISY版)の製作，視覚障害者等用資料データの収集と配信サービ

ス等を行っています。

　点字図書・録音図書全国総合目録は「国立国会図書館サーチ」の中で誰でも無料で利用することができます。全国で製作されている障害者用資料を検索し，図書館などの施設相互で相互貸借の依頼をするための基本ツールです。

　学術文献録音図書というのは，いわゆる専門書の録音図書です。全国の図書館からの依頼により製作しています。ただ，専門書でないと製作してもらえないのと，年間で数十タイトルしか製作できないこと，製作に長い年月を必要とする場合があるなどの問題点があります。

　視覚障害者等用データの収集と送信サービスは，全国の公共図書館が製作した点字やDAISYデータを収集し，図書館や障害を持つ利用者に直接配信するサービスです(2014年1月開始)。同様のサービスに，全国視覚障害者情報提供施設協会が運営する「サピエ図書館」がありますが，そこにはいわゆる点字図書館製作のものしか掲載されていませんでした。公共図書館製作のものを収集送信するサービスとしてこの国立国会図書館のものがあります。

② 国立国会図書館に期待していること

　国立国会図書館は「全国の図書館の図書館」として，また障害者の情報提供の中心施設として次のような機能が求められています。

　1)資料製作センターとしての役割　障害者用資料の製作には専門知識のある職員と高いスキルの図書館協力者が必要です。それを地域の各図書館が少しずつ行うよりも，どこかがまとめて行う方が効率的で資料の品質も確保できます。税金の効率的執行にもつながるものと思います。国立国会図書館は，学術文献に限らず，基本となる録音等資料をまとめて製作し，全国の図書館に提供すべきであると考えます。

　2)マルチメディアDAISY等の新しい障害者用資料の研究・製作・普及活動　マルチメディアDAISY等の新しい資料が開発されてもその製作体制がなく，ボランティア等が細々と製作しているのが現状です。国として障害者への情報提供のためのイニシアチブをとってほしいと思います。

3)障害者情報センターの設置　国立国会図書館に障害者情報センターを設置し，さまざまな障害者用資料を収集し，最新の情報機器を置き，障害者への望ましい図書館の姿を自ら提示してほしいと思います。

　最後に，なるべく早い時期にこの項「国立国会図書館に期待していること」が実現し，この項の修正をしなくてはならなくなることを強く願うものです。最近，国立国会図書館では「障害者サービス担当職員向け講座」も日本図書館協会と共催で開催してきています。国立国会図書館を拠点とする，障害者サービスの全国的システムができることを期待しています。

第3章

障害者サービスの対象者

1　図書館利用の障害

　障害者サービスの対象者は,「図書館利用に障害のある人」です。図書館利用の障害に,どのようなものがあるかをまず考えていきましょう。

(1) 物理的な障害

　図書館から遠い,図書館が開いている時間に行くことができない,図書館がどこにあるかが分からない等が,誰にも関係する物理的な障害です。

　障害者のことだけを考えてみても,図書館までひとりで行くことができない人も多くいます。入院患者いわゆる寝たきり状態の人・施設入所者等は,来館そのものが困難です。

　また図書館まで来られたとしても,肢体に障害のある方は,段差があって通れない,階段が登れない,本を持つことができない,本が重くて持てない,ページがめくれない等の障害があります。車いす利用者は,高いところや低いところの本に手が届かない,書架の間が狭くて通れない,閲覧机が低くて利用することができない等さまざまな障害があります。

　障害者や高齢者の中には,資料を検索するための端末(OPAC)等のコンピュータが利用できない人も多くいます。図書館ウェブページによるサービスを受けることも困難な人もいます。

(2) 資料利用の障害

　図書館の資料というと，まず活字による印刷物を考えますが，その印刷物をうまく利用することのできない人が多数います。プリントディスアビリティ(print disability)といいます。視覚障害者はもちろんですが，高齢で目の不自由な人，発達障害のある人の一部に文字をうまく理解できない人(ディスレクシア)がいます。知的障害・精神障害等で日本語の文字をうまく理解できない人もいます。

　聴覚障害者や難聴者が，映像資料を利用するのに障害があることは明確です。また，在住外国人で日本語がうまく理解できない人もいます。

　このように，図書館の資料がそのままでは利用できない障害者がたくさんいます。

(3) コミュニケーションの障害

　図書館で資料を探したり，いろいろなサービスを受けるためには，職員とのコミュニケーションは重要です。

　ところが，聴覚障害者(手話・発音)，視覚障害者(点字)，発達障害者(会話)，外国人等で，職員とのコミュニケーションがうまくとれない例があります。職員が手話や外国語を使えるようにするというのが理想ですが，少なくともそれに変わる方法を知り，利用者とのコミュニケーションに配慮しなくてはなりません。

　また，来館できない利用者との，電話・手紙・メールでのやり取りには誤解も生じやすく，丁寧な応対が求められます。高齢利用者の中には，耳が聞こえにくくなっているだけではなく，話を聞くこと自体がむずがしい人もいます。十分な配慮が必要です。

2　具体的な対象

(1) 心身障害者

　心身障害者が図書館利用に障害のあることは明確です。

　具体的には，身体障害者(肢体・聴覚言語・視覚・内部等)，精神障害者，知的

障害者がいます。

　その他に，発達障害者がいます。発達障害者の一種に学習障害(LD)があり，その中にディスレクシアという障害があります。ディスレクシアは文字の読み書きがうまくできない障害です。思考も目も正常なのですが，文字の内容がうまく理解できません。人口の5％ほどいるのではないかといわれています。

　そのほかにも，いろいろな発達障害があることがわかってきています。今まで社会に知られてこなかったために，さまざまな不利益や理不尽な扱いをされてきた例もありました。

(2) **高齢で図書館利用に障害のある人**

　高齢者が，即障害者サービスの対象者というわけではありません。健康で活動的な高齢者は，障害者サービスというより，むしろ独自の対象者としてサービスを構築した方がよいと思います。

　ここでは，高齢で図書館利用に何らかの障害のある人たちです。視力や身体の衰えは，そのまま図書館利用を遠ざけてしまいます。また，野外活動が少なくなることによる知的能力の低下もあるでしょう。高齢者施設に入所されている人たちも図書館利用の障害者です。

(3) **病気等による一時的・恒常的な障害者**

　入院患者や病気・事故等による一時的な障害状態の人がいます。最近は，病院に入院患者図書室を設置する例も出てきています。妊産婦や小さな子どものいる人も図書館利用に障害があります。このような一時的な障害状態の人たちも対象者です。

　また，病気の後遺症のある方やいわゆる寝たきり状態の人たちも図書館利用の障害者です。

(4) **施設等入所者**

　高齢者施設・介護施設等に入所されている人たちも図書館の利用に困難があ

ります。

　また,受刑者等矯正施設に入所している人たちも図書館利用の障害者といえます。日本ではまだ例が少ないですが,矯正施設への図書館サービスを実施している館があります。

(5) 外国人(外国を母国とする人を含む)

　日本には,在住外国人が多数います(200万人以上)。このかたがたも市民として図書館を利用する権利があります。外国人や外国を母国とする人たちへのサービスを多文化サービスといいます。

3　国際的にみた障害者サービスの対象者

(1) 国際図書館連盟(IFLA)

　IFLAには,障害者サービスを検討する2つの分科会(セクション)があります。その名称から世界では障害を持つ利用者をどのように考えているかを想像できます。また,その分科会も途中で名称変更があり,歴史的推移もうかがえます。日本では障害者に限定したイメージが強かったのですが,世界は以前から幅広い利用者を考えていたことが分かります。下記①と②の分科会から,さまざまな利用者を対象としたIFLA指針(ガイドライン)が出されています。

① 「特別なニーズのある人々に対する図書館サービス分科会」(Library Services to People with Special Needs Section : LSN)
　旧称「図書館利用に障害のある人々へのサービス分科会」(Libraries Serving Disadvantaged Persons : LSDP) 2008年から変更
② 「印刷物を読むことに障害がある人々のための図書館分科会」(Libraries Serving Persons with Print Disabilities Section : LPD)
　旧称「視覚障害者(または盲人)図書館サービス分科会」(Libraries for the Blind Section : LBS) 2009年から変更

(2) 世界知的所有権機関(WIPO)

　WIPOでは，2013年6月に「視覚障害者およびプリントディスアビリティのある人々の出版物へのアクセスを促進する条約」を採択しました。その会議の行われた場所の名前をとって通称「マラケシュ条約」と呼ばれています。その条約では，利用対象者(条約では「受益者」)を以下のようにしています(日本ではこの条約を2014年6月現在まだ批准していませんが，条件を整えしだい批准するものと思われます)。

　第3条　受益者
　受益者とは，以下に該当する者である。
　(a) 全盲の者
　(b) 視覚的な機能障害，または知覚もしくは読みに関する障害のない者と実質的に同等の視覚機能を与えるための改善ができない，視覚的な機能障害，または知覚もしくは読みに関する障害がある者で，そのために，印刷された著作物を，機能障害または障害のない者と実質的に同程度には読むことができない者
　(c) それ以外の，身体障害により本を持っていることや扱うことができない者，あるいは，両目の焦点を合わせることや両目を動かすことが，読むために通常必要な条件を満たせるほどにはできない者

4　障害者サービスの利用登録

(1) 利用登録の必要性

　図書館の利用(登録)に障害の有無は関係ありません。ただ，次の理由からその方の障害の状況を確認しておく必要があります。
① 個々の障害の状況を把握し，どのような資料・サービス・配慮が必要であるかを考えるため

　利用者と図書館職員が直接話をすることにより，上記のことをお互いに考えていきます。利用者は，どのような資料やサービスがあるのかを知りません。また職員は，その人がどのような配慮を求めているのかを知りません。それらを組み合わせて，各人に合ったサービスを考えます。

② 障害者用資料が利用できる人かどうかを確認するため

　著作権法第37条第3項で製作された障害者への資料は，利用対象者を「視覚障害者等」に限定しています。図書館は，資料の利用が可能かどうか判断しなくてはなりません（著作権法については後述します）。

　また，郵送貸し出しを実施している図書館であれば，無料で郵送できる視覚障害者なのか，割引料金で郵送できる重度障害者なのか，そのほかの障害者なのかを確認する必要があります。職員による宅配サービスを実施している場合も，その対象者であるかどうかを確認する必要があります。

(2) 障害者手帳によらない利用登録―障害者サービス著作権ガイドラインの活用

　上記②の視覚障害者等のために製作された資料を利用する場合でも，障害者手帳の所持は関係ありません。図書館の中には，まだ手帳の所持や視覚障害者に限定したサービスしか行っていない館がありますが，法的にもサービスとしても間違いです。なるべく早く利用対象者の拡大と利用要件の修正が必要です。

　また，前述のように「視覚障害者等」に該当するかどうかを図書館（職員）が確認する必要がありますが，そのための方法として「障害者サービス著作権ガイドライン」の別表1と2があります。具体的にどのような状態であれば利用できるかを示しています（巻末資料）。

第4章

障害者サービスの歴史と現状

1　歴　　史

(1)　戦　　前

　日本における障害者への情報提供の始まりは，1880（明治13）年に，スコットランドの宣教医師ヘンリー・フォールズによる「盲人用図書室」の記録が残されています。日本で現在使われている点字は，1890年に盲学校教諭の石川倉次が考案したものですから，今の点字とは異なるものです。その当時は，凸字図書といわれる独自の本でした。

　公共図書館では，1916（大正5）年に，東京市本郷図書館に点字文庫が開設されたのが始まりです。その後，全国に拡大し，昭和初期には全国各地の図書館に点字文庫や盲人閲覧室が設置されていきました。1919年新潟県立図書館，1927年石川県立図書館，1928年徳島県立光慶図書館，1929年には鹿児島県立図書館・名古屋市立図書館・長野県立図書館の記録があります。その他にも点字図書を収集している図書館がありました。

　1933（昭和8）年の第27回全国図書館大会では，初めて「点字図書及盲人閲覧者の取扱」というテーマで討議が行われています。そこでは，今後も公共図書館として一層，点字図書の収集と閲覧に取り組んでいくことが決議されています。

　しかし，この後戦争等の影響もあり，公共図書館の点字文庫や盲人閲覧室が順調に拡大していったわけではありません。視覚障害当事者と連携した盲学校

の図書室や盲人福祉協会等が運営する点字図書館や点字文庫がサービスの中心でした。

　1934 (昭和 9) 年には，東京盲学校の正門横に独立した学校図書館が設置され地域の視覚障害者にも閲覧・貸し出しをしていました。また，全国各地の盲人福祉協会等の多くは，小規模ながらも点字図書館や点字文庫を開設していました (1940 年時に 17 の道府県に設置)。視覚障害者には，こちらのほうが身近なものであったことと思われます。

　なお，点字資料の製作方法は以前から視覚障害者自身による点訳作業が中心でしたが，婦人ボランティアによる点訳もけっこう早い時期から始められていたようです。

　ところが，少ないながらも全国に展開していた公共図書館の点字文庫・盲人閲覧室ですが，戦後大きな転機を迎えます。1949 (昭和 24) 年の身体障害者福祉法において，更生援護施設としての点字図書館が規定され，視覚障害者へのサービスを専門的に行うところとされました。それにより，公共図書館の点字文庫や盲人閲覧室が切り離され，点字図書館に改編されていきました。

　ただ，名古屋市鶴舞中央図書館点字文庫のように当時から続いている例もあります。1929 (昭和 4) 年点字文庫開設当時の初代館長阪谷俊作氏による「本件は市立の公共図書館たる性質上市民全体に渡って各方面の利用に応ずるがために常に苦心していますが，盲人の方々のために点字図書を備え付けてまた研究と慰安のために施設すべきことは申すまでもなく設立の当初より常に考えきたところであります」(『名古屋市鶴舞中央図書館 60 年譜』より) という言葉は，大変先駆的であり，今後の障害者サービスの礎といえるようなものだったと思います。ただそのように継続していった例は珍しく，いったんサービスの進展が途切れてしまったことは残念です。

(2) 新たな視点での障害者サービスの始まり「公共図書館の蔵書を障害者に開放する」

　改めての障害者サービスの始まりは，1970 (昭和 45) 年に東京都立日比谷図書

館で始められた対面朗読と録音資料の製作貸出サービスです。これまでは，(視覚)障害者のための点字や録音資料を提供していこうという考え方でしたが，それとは異なる視点「公共図書館の蔵書を障害者にも開放・使えるようにする」という考えによるものです。

　これは，視覚障害のある学生らによる運動により開始されたもので，他の学生が公共図書館を利用している姿から，自分たちも利用できるようにしてほしいという願いが元になっています。それは，公共図書館の門戸開放運動となっていきました。改めて，障害者は図書館を，図書館は障害者を認識することとなりました。彼らの具体的理念は，視覚障害者も公共図書館の本を利用できるようにしてほしいというもので，同じ市民であるなら，平等に本を利用する権利があるとしました。

　この実現のためには，録音資料(当時はオープンリール)の製作貸出だけでは限界があり，対面朗読という方法を考え出しました。録音資料の製作には数カ月かかります。それを待っていられない人たちが，図書館に行くから直接読んでほしいとしたのです。また，図書館にあるさまざまな資料を使って調査をしたり，研究をしたりする必要がありました。そのためには，対面朗読が必要だったのです。いわば「閲覧の保障」であり，それはそのまま対面朗読の理念と

写真4-1　オープンリールのデッキ

なっています。サービスの最初の時点から，資料の貸出と閲覧サービスを考えていたことに注目する必要があります。さらに，対面朗読者や録音資料製作者はボランティアではなく，最初からきちんと対価が支払われていたことも特筆すべき点です。

そして，その後この運動を進めてきた人たちを中心に1970(昭和45)年に「視覚障害者読書権保障協議会(視読協)」を結成し，「読書権」の保障のための活動を続けていきました。1971年の全国図書館大会で，権利としての読書「読書権」の保障を提示し，公的保障としての図書館サービスをアピールしました。このときの，視読協の出した読書権に関するアピールは重要で，現在の障害者サービスの基礎ともいえるものです(巻末資料参照)。

(3) 視覚障害者サービスの進展

障害者サービスは，それから視覚障害者へのサービスを中心に拡大していきます。その理由は，視読協のように視覚障害者による働きかけが大きかったことと，点字図書館からサービスを学ぶことも多かったこと，そして何よりも視覚障害者が情報障害を持ち，サービスを必要としていたことによります(それは今でも変わりません)。視覚障害者用資料が点字だけではなく，録音(オープンリール→カセットテープ)図書の誕生等，誰もが使える・使いやすいものが追加されていったことも，サービス拡大の大きな要因です。

ところが，1975年に日本文芸著作権保護同盟の指摘により公共図書館の録音資料製作が著作権法侵害であるという新聞報道がなされました。これが契機となり，公共図書館の著作権問題が表面化します。録音資料を，勝手に作ってはならないというものです。この問題は，サービス拡大の精神的・具体的な障壁になりましたが，多くの図書館はそれでサービスを後退させるのではなく，著作権者の許諾をとるという方法でサービスを継続していきました。

視覚障害者サービスが拡大していった要因には，公共図書館と点字図書館との連携が強化されていったことも重要です。1974年には，近畿点字図書館研究協議会が発足し，公共図書館と点字図書館で協力して研修会やサービスマニ

ュアルの作成等の活動を開始しています。1981年の全国点字図書館長会議で公共図書館と点字図書館との点字・録音・拡大資料の相互貸借に関する申し合わせが決議され，その後このネットワークを活用して障害者に提供できる資料が圧倒的に増加していきました。このネットワークは，今のサピエ図書館や国会図書館「点字図書・録音図書全国総合目録」へとつながっていきます。

　その間，1978年には日本図書館協会に障害者サービス委員会が設置され，公共図書館の障害者サービスの進展と問題点の解決のためのさまざまな活動を行ってきています。

　1981年の国際障害者年とこれに始まる「国連障害者の10年」は，障害者サービスを進展させる大きなエネルギーとなりました。1986年に東京で開催されたIFLA世界大会でも，対面朗読サービスは高い評価を得ています。また，この大会は，視覚障害以外の聴覚障害者・施設入所者・在日外国人等の図書館利用に障害のある人へ目を向ける契機となりましたが，個別の取り組みはあったものの多くの図書館で実施するサービスまでにはいたりませんでした。

　1989年に公共図書館で働く視覚障害者が，「公共図書館で働く視覚障害職員の会（なごや会）」を結成しました。利用者の立場からサービスを考えると共に，サービスの専門家として今後の障害者サービスの進展に影響を与えていきます。また，公務員としての障害者雇用という意味でも大きな意義を持っています。

　ちなみに，日本図書館協会や国立国会図書館が実施した全国実態調査から対面朗読実施館数を見てみると次のように増加していったことが分かります。

　対面朗読実施館数（調査年度）

　10館（1976年）→ 85（1981）→ 133（1989）→ 392（1998）→ 471（2004）→ 512（2006）→ 517（2008）→ 591（2010）

　このように，公共図書館の障害者サービスは，視覚障害者へのサービスを中心に拡大していきました。

(4) 図書館利用に障害のある人へのサービスへと拡大

　時代は前後してしまいますが，1976（昭和51）年の全国図書館大会で，「障害

者サービス」の分科会が設けられ，身体障害者に限らず，図書館利用が困難なさまざまな人々が「障害者」であるとしました。また，3章3にもあるように，IFLAの障害者に関する部会でも，いち早く視覚障害者だけではない利用者に目を向けていました。そこでは，聴覚障害者・多文化サービス・本を読むのに障害のある人へのサービス等，さまざまな対象者のための指針（ガイドライン）を発表しています。

　日本図書館協会障害者サービス委員会が過去に実施してきた全国実態調査からも，対象となる利用者の拡大が読み取れます。1989年調査では，視覚障害者，聴覚障害者，肢体不自由者，内部障害者の利用者数を聞いています。1998年調査では，知的障害者・入院患者・施設入所者・在宅障害者・高齢者・受刑者が追加されました。さらに，2005年調査で精神障害者と学習障害者が追加されています。理論としては，障害者から図書館利用に障害のある人へと拡大していったことがわかります。

　また，以前から図書館では，特に障害者サービスと意識せずに施設や特別支援学校等への団体貸し出しを行っている館が多くありました。さらに，高齢者を意識した大活字本の購入はできる限り実施していた館も多いと思います。実は，不十分ながらも視覚障害者以外へのサービスは行われてきました。

　障害者用資料では，何といっても録音図書がデジタル化し，音声DAISY→マルチメディアDAISY・テキストDAISYと発展してきたことも大きな変化です。これにより，視覚障害者だけではなく発達障害者等さまざまな障害者の利用が考えられるようになりました。

　このように，障害者サービスの対象者は，視覚障害者→障害者→「図書館利用に障害のある人」と拡大してきています。しかし，サービスの大半が依然として視覚障害者中心であることも事実でした。先の全国実態調査からも視覚障害以外の利用者数はそんなにあがってはきませんでした。

　ところで，2009年6月の著作権法改正を契機に現状は大きく変わりつつあります。それは，第37条第3項でその対象者を視覚障害者から「視覚障害者等」に大幅拡大したところによります。障害者手帳の所持とは関係なく，目に

よる読書の困難な人・発達障害等で本の内容が分からない人・本を持てない等の物理的な障害により読書が困難な人も含まれるようになりました。さらに，障害者の権利条約やその後整備された「障害を理由とする差別の解消の推進に関する法律(差別解消法)」により，図書館には，障害者への「合理的配慮」が求められています。このように社会全体として図書館が障害者へのサービスを行うための整備が進んできています。

参考に，先の障害者サービス実態調査から，視覚障害者以外への主なサービスである宅配サービスについて実績がある館数の推移を見てみると，1976年25館，1981年88館，1989年178館，2010年226館となっています。2010年の実績館226は，点字録音図書郵送貸出実績館の216館を上回っていることに注目しなくてはなりません。

このように，制度的にも，資料・サービスとしても図書館利用に障害のある人へのサービスが進展しつつあることがわかります。ところが，1990年代のバブル崩壊に始まる日本経済の低迷は図書館にも大きな影を落としています。職員・資料費等の削減，委託や指定管理方式の導入等，図書館を取り巻く状況は大変厳しく，障害者サービスも例外ではありません。以前のように障害者のことなら何とかお金がつく時代ではなくなってきています。それどころか，従来のサービスでさえ維持できない図書館も出てきているのです。

これからも新たに「図書館利用に障害のある人」が理論的にも実際にも拡大していくものと思われます。また，よりよい障害者用資料やアクセシブルな電子書籍も登場してくるでしょう。今後，図書館のサービスはさらなる進化を求められているのです。

(5) **障害者サービス年表(公共図書館を中心に)**

1880(明治13)年　宣教医フォールズによる凸字図書の製作と提供
1916(大正 5)年　東京市本郷図書館に点字文庫開設
1919(大正 8)年　新潟県立図書館に盲人用点字閲覧室設置，その後各地の図書館に拡大

1922(大正11)年	日本初の週刊点字新聞『点字大阪毎日』刊行。現在の『点字毎日』
1933(昭和8)年	第27回全国図書館大会で公共図書館における点字図書の一層の取り組みが決議
1934(昭和9)年	東京盲学校に学校図書館が設置。児童生徒以外の地域の視覚障害者にも開放
1949(昭和24)年	身体障害者福祉法が公布され点字図書館が位置づけられる
1961(昭和36)年	盲人用郵便(録音)物が無料化される
1970(昭和45)年	著作権法公布。第37条(点字による複製等)が規定される 都立日比谷図書館で対面朗読,録音資料の製作貸し出し開始
1971(昭和46)年	全国図書館大会で視覚障害者読書権保障協議会(視読協)によるアピール
1974(昭和49)年	点字図書館と公共図書館の連携による近畿点字図書館研究協議会が発足 全国図書館大会東京大会で身体障害者への図書館サービス分科会が設置される(以後毎年開催)
1975(昭和50)年	新聞報道で,日本文芸著作権保護同盟より公共図書館の録音サービスが著作権法侵害と指摘される(著作権法問題が表面化) 国会図書館,学術文献録音図書サービス開始
1976(昭和51)年	郵政省,図書館に身体障害者用書籍小包制度を開始(現在は,心身障害者用ゆうメール)
1978(昭和53)年	日本図書館協会,障害者サービス委員会設置 社会福祉法人埼玉福祉会による大活字本の刊行開始
1981(昭和56)年	「国際障害者年」 全国点字図書館長会議,公共図書館との「点字・録音・拡大資料の相互貸借に関する申し合せ」決議
1982(昭和57)年	聴力障害者情報文化センター(東京),字幕・手話付きビデオの貸出開始

1982(昭和57)年	国会図書館「点字図書・録音図書全国総合目録」創刊
1984(昭和59)年	日本図書館協会聴覚障害者のためのサービスを考えるワーキンググループ設置
1986(昭和61)年	東京でIFLA世界大会開催
1980年代後半	パソコン点訳が広がる
1988(昭和63)年	点訳オンラインデータベース「てんやく広場」開始(1998年に「ないーぶネット」に変更)
1989(昭和64)年	「公共図書館で働く視覚障害職員の会(なごや会)」発足 聴覚障害者用小包郵便物制度開始
1992(平成4)年	障害者用資料の無許諾での製作を目指して,EYEマーク・音声訳推進協議会設立
1995(平成7)年	シナノケンシがデジタル録音図書再生機の試作第1号機を開発。スウェーデンとの国際共同開発に発展 全国図書館大会(新潟)で「患者への図書館サービスの推進拡充を求めるアピール」採択
1996(平成8)年	日本図書館協会,図書館員選書『障害者サービス』刊行
1997(平成9)年	デジタル図書(DAISY)が国際標準規格となる
2001(平成13)年	文部科学省,公立図書館の設置及び運営上の望ましい基準に障害者サービスを初めて明記
2003(平成15)年	国会図書館,「点字図書・録音図書全国総合目録検索」ネットで公開 文化庁,障害者のための著作物の自由利用マークを発表
2004(平成16)年	日本図書館協会と日本文藝家協会による「公共図書館等における音訳資料作成の一括許諾に関する協定書」「障害者用音訳資料利用ガイドライン」発表 「びぶりおネット」による録音図書ネットワーク配信サービスの開始
2005(平成17)年	日本図書館協会,「公共図書館の資料の変換にかかわる図書

	館協力者導入のためのガイドライン」発表
2006(平成18)年	障害者の権利に関する条約(Convention on the Rights of Persons with Disabilities)→2007年9月条約に署名
2008(平成19)年	「障害のある児童及び生徒のための教科用特定図書等の普及の促進等に関する法律」
2009(平成20)年	著作権法(第37条第3項等)の大幅改正，施行は2010年1月
2011(平成21)年	録音資料製作に関する全国基準発表
2012(平成22)年	文部科学省，「公立図書館の設置及び運営上の望ましい基準」を改定し，障害者サービスの部分で「対面朗読」という言葉がなくなり「図書館資料等の代読サービス」という誤った表記になる
2013(平成23)年	WIPO，視覚障害者，読字障害者に関する著作物へのアクセスを改善するための条約(マラケシュ条約)採択 障害者の権利に関する条約批准
2014(平成24)年	国立国会図書館，視覚障害者等用データの収集及び送信サービス開始

2　障害者サービスの現状

(1) 実施率，実施地域

　障害者サービスを実施している図書館は，せいぜい全体の2～3割程度であると想像されます。想像されますというのは，点字本や大活字本くらいはどこの館でも少しは所蔵していますし，それを以って障害者サービスを実施しているとは言えないからです。また，日本図書館協会や国立国会図書館が障害者サービス全国実態調査を行ってきましたが，そもそもサービスを実施していない館では回答そのものをしないところがほとんどで，本当の実施率を調べることができませんでした。そこで，主な障害者サービスである視覚障害者等への郵送貸出，宅配サービス，対面朗読，障害者用資料の製作のうち，いずれかを実施しているところを障害者サービス実施館と考えてみます。

全国には，3,200を超える公共図書館があります。2010年の国立国会図書館が実施した障害者サービス全国実態調査で(回答館数2,272館)，視覚障害者等への郵送貸し出し実施館が479館(内，サービス実績があるのが216館)，宅配サービス実施館が353館(226館)，対面朗読実施館が591館(287館)，障害者用資料製作実施館が148館です。障害者用資料の製作では，カセットテープ図書製作実績があるのが148館ですが，現在主流になっているデジタル録音図書DAISYを製作しているのは77館にとどまっています。このように，サービスは実施していると回答していても，実際の利用がゼロという館が多数あります。障害者サービスの窓口がある(受け入れ態勢を持っている)ことはもちろん大切ですが，それは本当に実施しているといえるのか微妙です。なお，この調査で何らかの障害者サービスを実施していると回答している館が1,503館(66.2％)と報告されていますが，実態とかけ離れた数字であり，首をかしげざるをえません。

　次に，実施に地域差が大きいことも障害者サービスの特徴です。東京・埼玉・千葉・大阪・愛知の都府県では多くの市区町村立図書館がサービスを実施しています。しかし，東北・山陰・四国・九州地方では，サービスの実施率がとても低い状況です。問題なのは，たまたまそこに居住しているために，図書館サービスがまったく受けられない障害者や高齢者が多数いるということです。既述のように図書館こそが情報入手の拠点というのが障害者・高齢者の実情ですから，図書館がサービスを実施していないということは由々しき現状です。

　また，サービス実施率の高い地域を見ると，都府県立図書館が自ら障害者サービスを実施し，それを県内の図書館に普及していった姿が想像されます。障害者サービスの実施率の低さは県立図書館の問題であるともいえます(参考 返田玲子「『公共図書館における障害者サービスに関する調査研究』に見る障害者サービスの現状と推移」『図書館雑誌』2012年5月号，巻末資料)。

(2) サービスの現状

　公共図書館で行われているサービスの多くは，視覚障害者等へのサービスで

す。その中でも，録音図書の郵送貸し出しが，大きなウエイトを占めています。それは，郵便料金もかからずに自宅で気軽に利用できることと，点字と違い，誰もが利用しやすいものであることと，録音雑誌を定期的に送ってもらえるからです。点字はそれを読める視覚障害者が少ないこともあり，郵送貸し出しも行われていますが，貸出量は横ばいです。対面朗読は，とてもよいサービスですが，図書館までの来館が困難な人も多いのでその利用はそれほどに増えていません。

　録音図書は，オープンリール→カセットテープ→デジタル録音図書DAISY（デイジー）と進化し，そのたびに使いやすいものになってきました。特にDAISYになってさまざまな障害者の利用が考えられるようになりました。

　そもそも，録音図書は視覚障害者の他に，高齢で目の不自由な人・いわゆる寝たきり状態の人・手の不自由な人・発達障害等でうまく文字が読めない人等の利用が考えられます。2009年6月の著作権法の改正により，このような人たちの資料利用ができるようになりました。さらにDAISYは，録音図書（音声DAISY）から，音声とテキスト（文字）と画像がシンクロ（同期）して再生できるマルチメディアDAISYが登場し，さらにさまざまな障害者が使える方式へと進化してきています。

　図書館のサービスも従来の郵送貸し出しや対面朗読に加え，職員による宅配サービス，施設・病院等へのサービス，バリアフリー映画会を行う等，多彩なサービス方法を展開するようになってきています。取り扱う障害者用資料も，録音・点字に加え，拡大文字資料の充実，布の絵本，LLブック（やさしくリライトされたもの），ピクトグラム（絵文字）等いろいろなものが登場してきています。また，障害者用資料がデジタル形式になったことでインターネットによる配信サービスが可能となり，「サピエ図書館」や，「国立国会図書館の視覚障害者等用データ収集及び送信サービス」（以下，「国会図書館配信サービス」）のように，直接障害者個人に障害者用資料データの送信ができるようになっています。これにより，来館困難な障害者への情報保障の手段が拡大しました。

　高齢で図書館利用に障害のある人へのサービスは今後ますます期待されるも

のですが，まだまだこれからのサービスです。大活字本の出版点数が増加してきたことは好ましいことですし，従来の障害者サービスの資料や方法をそのまま活用できることも多く，積極的な取り組みが求められています。聴覚障害者へのサービスは，聴覚障害者情報提供施設との連携により字幕や手話の入った映像資料を提供できるようにしたいところです。手話条例を制定している県もあり，講演会に手話通訳を付ける等の配慮はすぐにでも行えます。

　アクセシブルな電子書籍の出版が増えれば，図書館はそれを積極的に収集し障害者に提供することができます。しかし，残念なことに，電子書籍の利用システムを含めてアクセシブルなものはわずかです。出版社は，障害者への「合理的配慮」として，アクセシブルな電子書籍をぜひ出版してほしいと願っています。

第5章

障害者・高齢者に
使いやすい施設・設備

1　図書館の基本設計

　図書館の建築やそのバリアフリー化について，詳しくはその分野の専門書に委ねることにします。この章では，基本的な考え方と障害者用の施設設備について記します。

　最近の図書館では，四角形ではない多角形や曲線を用いた建築物も増えてきています。見た目にはやわらかな雰囲気で落ち着いた空間になるのかもしれません。しかし，障害者にとっては位置や方向がわからなくなってしまう可能性があります。車いす利用者にとっても動きにくいものになります。基本的には，90度を基調としたわかりやすい構造が求められます。階段は，らせん状や幅の異なるものは障害者・高齢者にとって危険なものです。

　建物内の色についても，十分注意しなくてはなりません。床面・壁面・柱・階段の色を同系色にしてしまうと，弱視者や高齢で目の不自由な人たちはその区別がつかなくなり大変危険です。誘導点字ブロックと床面の色を変えてわかりやすくしなくてはなりません。光が反射してしまうような建材も困ります。

　館内の音の反響にも留意します。床面や壁に石材・コンクリート・タイルがむき出しで，音が反響しやすくなっている建物があります。このような場所では話し手の声が響いてしまい，特に補聴器ユーザーは反響も増幅されるので，聞きにくい状況になってしまいます。絨毯や吸音機能のある石材をもちいます。

　また床面があまりつるつるしていると，すべりやすく危険です。複合施設の

入り口ホールでも注意が必要です。

　館内の照明については，十分な明るさを得ることは当然ですが，まぶしくならないように注意します。昼間だけではなく，夜間の点灯時の状況も確認します。

　全体的に言えることですが，図書館のデザイナーや建築家のコンセプトと，障害者への配慮が合わないことがあります。しかし，あくまでも障害者の安全で快適な利用の方が優先されるべきものです。障害者・高齢者が利用しやすい施設は健常者にとっても利用しやすいものです。デザイナーや建築家は，障害者への配慮をした上で，すばらしい図書館を設計してほしいと思います。それができてこそ，「プロの仕事」であるということを，社会全体として共通理解することが大切です。

2　図書館までのアクセス

　来館いただける障害者や高齢者のことを考えると，まず図書館までなるべく楽に安全に来られるようにする工夫が必要です。最寄駅や最寄りのバス停から図書館までのアクセスを考えてみましょう。また，自治体が運営する市内循環バス等があれば，ぜひ図書館もコースに加えてください。

　最寄駅から図書館まで歩道が整備され，交差点では音声信号が設置され，段差がない状態であれば，誰にとっても安全で歩きやすいことはいうまでもありません。しかし，そのようなよい条件のところだけではないと思います。

　障害者や高齢者の来館を支援するサイン・看板や誘導点字ブロックの敷設は，できる限り行いたいところです。誘導点字ブロックや音声信号機の設置については，最寄りの警察に相談します。なお，通常点字ブロックと呼ばれているものには，その上を歩くための線状の「誘導ブロック」と，そこで停まること・注意を喚起することを示す点状の「警告ブロック」があります。図書館職員が実際に歩いて，誘導ブロックの上に放置自転車等の障害物がないかを確認することも大切です。危険な箇所を見つけた場合は，その店や道の管理者に相談します。

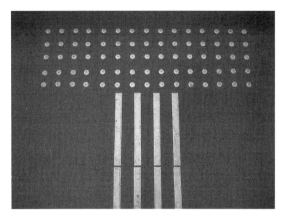

写真 5-1　点字ブロック(誘導ブロックと警告ブロック)

　図書館の入り口であることを示す門付近に設置する看板・サインも大切です。サインについては，文字の大きさ・色・コントラスト・ルビにも注意します。また，入り口を示すサインは，もちろん建物そのものにもつけます。入り口上部に視覚障害者等のための誘導チャイムを設置します。たまに近くの住民からチャイムの音がうるさいというクレームをもらうこともありますが，音色・感覚・時間帯等の配慮をして住民の理解を得る必要があります。

3　障害者・高齢者に配慮した施設・設備

(1) 館内の表示，サイン
① 出入り口

　透明なガラスドアには弱視者の衝突を防止するため，目の高さの位置とその下方に黄色や橙色のラインテープを数本貼ります。下方にも貼るのは子どもや車いす利用者を想定しているためです。

　入り口を入ったところに，館内の部屋の位置を示す案内板を置きます。特に複合施設では目的の場所が分かるようにする必要があります。案内板そのものの存在が分かるようにするとともに，目の高さよりもやや下方に十分な照明をあてるなどの配慮をします。

② カウンター

　カウンターのサインは，特に分かりやすいように文字の大きさ・色・コントラストに注意します。また，「筆談の準備があります」「手話のできる職員がいます」「補聴器ユーザーのための支援システムがあります」等も案内します。

③ 室名表示，書架表示

　室名表示は，遠くからでも見えるように上方に付けられている例が多いですが，これと併せて，低視力の人が利用するための目の高さの大きな文字のものが必要です。ピクトグラムのような絵文字や記号等を合わせて表示するのもよい方法です。

　書架表示も同様に，目の高さの位置に大きな字でコントラストのある色で表示します。

④ トイレ

　トイレについては，他人に聞きにくいこともありますので，その表示は特に明瞭にする必要があります。男女を間違えないように，色や絵でも示します。また，手すりに点字表記もします。

(2) 障害者用駐車場

　入り口の近くに，障害者用駐車場を設置します。車いす利用者を想定して通常のものより幅広くします(330cm程度)。雨の日に傘をさすことが困難な方もいますので，できるだけ屋根がほしいところです。

　残念なことですが，最近障害者以外の人がこの駐車場を使用している例を見かけます。看板を出す等して，注意を促します。

(3) スロープ

　本来は，建物内外に段差がないことが望ましいのですが，さまざまな理由からそうなっていない館もよくあります。手すりの付いたスロープを設置します。また，スロープに誘導ブロックを敷設する例もありますが，車いす利用者が誘導ブロックの上を通らなくてもよいように，十分な広さを確保しなくてはなり

ません。逆に，斜めの長い距離を歩くスロープを上るよりも階段を上った方が楽な方もいますので，手すりのついた階段も必要です。

(4) 館内の誘導点字ブロック，案内システム

　入り口から案内カウンター等来館者が，まず訪れるカウンターまで誘導点字ブロックを敷設します。あわせてトイレや対面朗読室まで視覚障害者がひとりで行けるようにします。ただ，ブロックをすべての通路に敷設する必要はありません。また，ブロックの色を頼りに歩く弱視者もいますのでフロアと同系色にするようなことがないよう注意し，車いす利用者の動線との調整をしてください。

　音声や振動を頼りに館内を案内するシステムがあります。しかし，これらを使うためには特殊な杖や器具を使用する場合が多く，それ自体がどこにあるかを知らない視覚障害者には利用できません。また，初めて利用される方でなければ，自分が利用するところの位置をすでに知っているはずです。初めての方には，カウンター職員が丁寧に案内するなどして，単純で簡潔な案内方法がよいと思います。

　入り口にインターフォンを設置して，職員に連絡できるようにしておくのもよい方法です。

(5) 階　　段

　① 形状　らせん状の階段は，視覚障害者や足の不自由な人にとって大変危険です。一番下に数段別の階段があったり，そこがらせん状になっていたりするのも危険です。段の高さや踏面の幅を同じにして，その長さにも配慮します。なるべく単純に上れるものにします。手すりをつけ，階を示す点字表示もつけます。1階エントランス等で階段の下が空間になっているようなものがありますが，視覚障害者や子どもが頭をぶつける可能性があります。そのようなところでは，防護壁を設けますが，最初からそういうものにしないことをお勧めします。

②色　階段とフロアの材質・色が同じような場合，特に最初と最後の段が分かりにくいことがあります。色を変える，目印を付ける等の工夫が必要です。また，踏面と蹴上げの色を変えます。

③滑り止め　階段には，適切な位置に滑り止めを付けます。

(6) エレベーター

障害者用に，音声案内，車いす用スイッチ，点字表示のあるエレベーターを設置します。スイッチは，2か所以上付けます。ボタンは大きく，凹凸がはっきりしたものを使用します。

車いすやベビーカーが乗っても，ゆとりのある大きさが必要です。また，籠の中が見えるように，ドアにガラス窓を付けます。

(7) 障害者用トイレ，多目的トイレ

障害者用・多目的トイレは，ぜひ設置したいものです。乳幼児を連れたお母さんも利用できるような多目的トイレが望ましいです。一般のトイレの近くで，わかりやすい位置に設置します。スイッチ類には，点字表示もしてください。車いすが，中で方向転換ができるような十分な広さが必要です。

わかりやすい位置にインターフォンも付け，何かあったときにすぐに職員と連絡が取れるようにしておきます。

(8) カウンター・閲覧机

車いす利用者が横向きにならずに向かい合って話ができるように，カウンターの高さを低くし，あわせて車いすの前が入るような空間を設けます。

車いす利用者が使いやすいように，高さ調節のできる閲覧机を配置します。

(9) 磁気誘導ループ(集会室，カウンター)

磁気誘導ループは，補聴器ユーザーのために，マイクの音を直接補聴器から聞けるようにしたものです。周りの雑音を増幅しないので，クリアな音で声の

みを聞くことができます。カウンターの職員との会話や，集会室等での講師の声を聞くのに有効です。

　磁気誘導ループには，あらかじめ部屋の床下にループを設置（工事）しておく方法と，一時的にループとアンプを設置して使う方法と小型パネル式のものがあります。後者2つの方式のものは持ち運び可能ですので，図書館でも導入しやすいものです。

(10) **聴覚障害者用緊急連絡システム，案内システム**
　災害発生時に聴覚障害者への連絡をするため，天井に非常ランプやモニターテレビを設置します。モニターは，一般利用者への連絡にも使えます。
　また，聴覚障害者だけではなく，利用者を呼び出すためにあらかじめ渡しておく振動式呼び出し機があります。

(11) **書　　架**
　書架の設置については，車いすの通行を考えて十分な間隔をとります。高さは低書架が望ましいですが，むずかしい場合は，配架する資料等を考慮します。一番下の段は，取りにくいので使わない手もありますが，斜めの形状のものもあります。

(12) **手すり，ドア**
　手すりは十分な強度があり，握りやすい形状・素材のものを，できる限り随所に設置します。手すりに点字表示をつけると，各部屋やトイレの説明を行うことができます。
　部屋のドアは，なるべく横に開閉しロックできるものを使うと安全です。足元に溝や段差を必要としないドアを設置します。

4 障害者サービスのための施設

(1) 対面朗読室，録音室

　図書館には，必ず対面朗読室を設置します。利用がないときに，音訳者の録音室として使用することもできますので，なるべくよい環境のものを設置します。対面朗読室には，椅子やテーブルの他にも，基本的な辞書事典類・録音機・パソコン等も置きますので，それなりの広さが必要です。時計は音の出ないものを選びましょう。

　部屋の仕様では，遮音・吸音・防振機能が必要です。床面を上に持ち上げて部屋を宙づり状態にするとこれらの機能が向上しますが，お金とスペースを必要としますし，入り口に段差がないようにするにはさらに経費がかかります。床・壁の素材でも音の反響がかなり異なりますので，専門業者と相談しながら設計をします。利用者または音訳者が録音することも考慮して，蛍光灯は使わないでください(雑音が入ることがあります)。

　空調は，できれば個別空調にして，送風の音が小さく必要に応じて切ることができるものにします。また，部屋の中が確認できるように，ガラス窓も設置します。外との換気ができるように窓も設置します。緊急連絡用に，インターフォンをつけることもよい方法です。

(2) 障害者用読書室

　音声パソコンや音声読書機のように，音を出すものを利用してもらう場所として，障害者用読書室を設ける方法があります。また，普通に椅子に座って読書をすることが困難な人のために，このような部屋を使用することもできます。

　なお，拡大読書器のように閲覧をサポートするものは，別の部屋ではなく，なるべく閲覧室の中に設置します。

(3) 資料製作のための作業室

　障害者用資料の製作を行っている図書館では，そのための作業スペースが必

写真5-2 点字プリンター　　写真5-3 拡大読書器(据え置き型)

要です。

　点字プリンターは，かなり大きな音を出し，長時間動いています。また，打ち出した点字を切り離して製本する場所も必要です。事務室の状況にもよりますが，障害者用資料の複製，貸し出し・返却作業にも別にスペースが必要な館もあります。さらに，図書館協力者が読みの調査を行ったり，パソコンでDAISY編集をしたり，職員と打ち合わせをしたりする場所が必要です。

5　障害者用支援機器を使ったサービス

(1) 拡大読書器

　弱視者や高齢で目の不自由な人のために閲覧室に拡大読書器を設置します。拡大読書器には，本を自由に動かせるテーブルの上に置いて正面の大きな画面に移す据え置き型と，お弁当箱くらいの持ち運びのできるものがあります。また，ルーペ等もあわせて準備します。

　拡大読書器は，文字の大きさを自由に変えられるだけではなく，コントラス

トを調整したり，カラーと白黒を変えたり，白黒反転表示ができる等優れた機能を持っています。ピントもオートフォーカスです。誰でも使えるように閲覧室の中に設置しますが，画面が他の利用者に見られないようにするなどのプライバシーを守る配慮が必要です。

　小型の携帯できるタイプは，読みたい紙の上に直接置いて使用します。画面が小さいのでそんなに大きな文字にできませんが，書架に並んでいる本の背文字をそのまま読んだり，新聞台にある新聞をそのまま読める等の利点があります。

(2) 音声パソコンによるインターネット等の利用

　音声パソコンがあると，音声 WebOPAC として蔵書の検索をしたり，インターネットを利用したり，DAISY・点字データを利用したりすることができます。特にインターネット用端末として開放するのがよい方法です。音声パソコンは，特別な機器ではなく，通常の Windows パソコンが使えます。それに，スクリーンリーダーと呼ばれる音声化ソフトと，障害者用のブラウザソフト，DAISY や電子書籍を利用するためのソフトがあると便利です。これらのソフトは，全部合わせてもそんなに高価なものではありません。

　一般利用者には音声がうるさい場合もありますので，設置場所によってはヘ

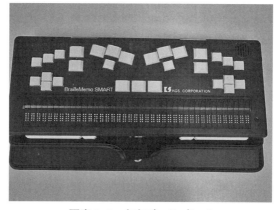

写真5-4　点字ディスプレイ

ッドフォンを使用します。

　音声パソコンに点字ディスプレイを接続すると，点字データだけではなく，画面の文字も点字で出力し，そのまま指で読むことができます。

(3) 音声読書機（自動活字読み上げ機）

　音声読書機は，活字を所定の位置に置くと，自動的に読み上げてくれる機器です。図表・写真等グラフィックなものは読めませんが，小説のような文字だけの部分はかなり正確に音声で読み上げます。ただし，日本語の漢字かな交じりの文章はどうしても誤読というか正しく読めな

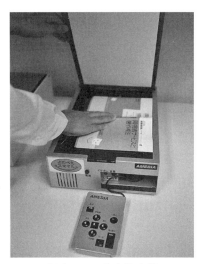

写真 5-5　音声読書機

い場合があります。また，読み上げた文書をテキストファイルとして保存できますので，利用者の要求に基づきテキストデータで提供できます。

　音声読書機による音訳は，対面朗読を超えることはできません。ただ，自分ひとりだけで読書ができる点・プライバシーが守れる点がよいところです。

第6章

障害者サービス用資料と
その製作

1　障害者サービス用資料

　障害者サービス用資料には，次のものがあります。

(1) 点字資料

　点字は，6つの点の組み合わせで五十音の仮名文字を表記する「表音文字」です。通常の点字文書には，漢字はありません。指で触読しますが，読みたいところを探したり，自分のペースで読んだりできるので，いわば目による読書に一番近い優れた文字といえます。ただ，点字を読むには，指の感覚を鍛えなければならないため，特に中高年で失明した人等は満足に読めないことが多いようです。

　点字にも図書と雑誌があります。以前の紙の点字はコピーができなかったので，その利用におのずと制限がありました。最近の点字はパソコンで点訳され，必要数を点字プリンターで印刷しています。

　また，点字データはメールやインターネットで送信することができます。点字ディスプレイがあれば紙に印刷する必要はありません。さらに，点字データをそのまま音声で再生することもできます。

　点字絵本は，普通，絵本に透明な点字シールを張って製作しています。その他に，点字つきの触る絵本等も販売されています。

(2) 録音資料（カセットテープ→ DAISY へ）

　以前は，録音資料というとカセットテープでした．その前は，オープンリールの時代もありました．オープンリールは再生機も高く取り扱いも面倒でしたが，カセットテープは安価で誰もが使いやすいものです．しかし，最近はカセットテープそのものがほとんど販売されていません．また入手できたとしても，品質に問題があります．カセットテープそのものが終わろうとしています．

　カセットテープのよいところは誰もが簡単に使え，ちょうどよい大きさのものであったということです．障害者や高齢者にとっては，大きすぎるものはもちろん，あまり小さいものも扱いにくいのです．

　しかし，カセットテープには，読みたいところを探すことができない，片面を聞いたらひっくり返さなくてはならない，本数が多くなるとかさばるなど弱点もありました．さらに，巻き戻しの手間，音の転写などがあり，長期保存については問題が生じています．

　これまで，数多くのカセットテープ版の図書や雑誌が製作されてきました．図書の多くは，音声 DAISY に変換されていますが，雑誌はバックナンバーの依頼があるようなものを除いて，カセットテープのままになっているものが多いと思われます．徐々にテープレコーダーもなくなっていきますので，必要な音源は保存方法の検討が急務です．

(3) DAISY（デイジー）資料

　DAISY は，Digital Accessible Information System の頭文字をとったもので，誰もが使えるアクセシブルなデジタル資料のことです．国際標準規格になっています．章・節・項等への頭だしができること，ページへのジャンプができること，しおりを自由に挿入しそこへジャンプできること，1 枚の CD に 50 時間ほどの録音ができることなどの特徴があります．

　当初は，CD 形式の音声 DAISY を専用再生機で利用する方法が中心でしたが，SD カードを用いた小型再生機の登場，パソコンやスマートフォン，タブレット端末を用いたストリーミング再生やダウンロードでの利用のように，その利

用方法も多様化しています。また，次に示すようなさまざまなものが開発されています。
① 音声DAISY
　音声と目次情報だけでできているDAISYです。日本で，最も普及しているものです。視覚障害者だけではなく，肢体障害者やいわゆる寝たきり状態の人等，いろいろな障害者の利用が考えられます。
　図書と雑誌があります。従来は，CDを郵送して提供していましたが，インターネットからダウンロードしてデータを入手することもできるようになりました。
② マルチメディアDAISY
　音声とテキストデータ(文字)と画像をシンクロ(同期)させて再生できるものです。パソコンや専用ソフト・アプリで利用します。最新のものはさらに動画も再生できるようになりました。
　音声と文字と画像がシンクロしているので，発達障害者等さまざまな障害者が使えるものとなっています。特に，教科書の製作が進められています。
　今後，最も期待されている障害者用資料のひとつです。
③ テキストDAISY
　テキスト(文字)だけのDAISYです。テキストデータがあればできるので，早く製作できる特徴があります。このテキストDAISYとパソコンの合成音声を組み合わせれば，簡易型のマルチメディアDAISYができます。
　アルファベットを使用する国ではテキストDAISYが主流です。それは合成音声が，ほぼ完璧にテキスト(表音文字)を読み上げることができるからです。しかし，日本語の漢字かな混じり文を合成音声が完璧に読むことはできません。同様に，図表や写真も読むことができません。
　そのため，日本では，これら3つのDAISYを必要により使い分けることになるのではないかと思われます。

(4) テキストデータ

ワープロ等で書いた文字だけのものを，テキストデータといいます。製作するのに特別な技術を必要としないため，誰でも作れるのが特徴です。最近では直接入力する方法だけではなく，OCR ソフトで読み込んでテキストデータに変換し，間違いを校正する方法で製作することも行われています。

テキストデータは，パソコンや iPad・iPhone などでそのまま使用できます。視覚障害者は合成音声で読むことができますし，自動点訳ソフトで点字データにも簡単に変換できます。また，文字を拡大して表示したりすることもできます。前述のマルチメディアやテキスト DAISY を製作するための材料にもなります。

テキストデータは，さまざまなソフトでそのまま読み込むことができますし，データ容量が小さいのでメールなどに添付して送ったり(現行法ではまだ認められていませんが)，ウェブページからダウンロードするのが容易です。

(5) 大活字本，拡大写本

大活字本は，大きな活字で印刷出版されている図書のことです。文字の大きさや字体はさまざまなものがあります(通常 22～25 ポイント，ゴシックが多い)。

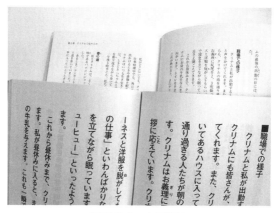

写真 6-1　大活字本

写真 6-2　LL ブック

また，白黒反転で印刷されたものもあり，この方が読みやすい人もいます。

　大活字本は，弱視者だけではなく高齢で目が不自由になってきた人にも有効な資料です。ただ残念なことに，これを手がける出版社がほんの少ししかなく，出版量そのものが少ないのが実情です。

　拡大写本は，大きな文字の本を自分で製作するものです。以前は，フェルトペンなどで手書きにより製作されていましたが，現在ではパソコンによるものが多いようです。利用者の個々の状況に合わせて製作できるので，大変使いやすいものとなりますが，製作に時間がかかるのと，大量に製作できないのが課題です。

(6) リライト，LL ブック

　知的障害者や発達障害者のために，やさしくわかりやすい言葉で短く書き直した本のことです。日本では，これを製作出版しているところがわずかしかありません。LL とは，スウェーデン語で，「やさしく読める」という意味の略語です。

写真 6-3　布の絵本

(7) 布の絵本，触る絵本

　布の絵本は，フェルトや布を使って作るとても温かみのある資料です。ボタン・マジックテープ・紐等がついていて，取り外したりまたつけたりして楽しむことができます。障害を持つ子どもだけではなく健常児もいっしょに使うことができます。また，障害を持つお母さんが子どもに絵本を読んであげることもできます。製品として販売されているものの他，製作用キットも販売されています。

　触る絵本は，特に障害を持つ子どものために製作されているものです。たとえば，動物を毛皮の素材で作るなどして，触感で楽しめるように工夫されています。

(8) 字幕・手話入り DVD・ビデオ，副音声つき DVD

　字幕つき映像資料は，聴覚障害者用の字幕の入ったものをいいます。聴覚障害者用字幕というのは，通常の洋画の字幕と異なり，セリフ以外の音情報（たとえば時計の時刻を知らせる音等）も字幕にしています。画面の全部を字幕でうめてしまうことはできませんので，文字数や時間的な制約の中で字幕を挿入しなくてはなりません。聴覚障害者情報提供施設等で製作されているものもあり

ますが，図書館への相互貸借のルールは作りにくい状況になっています。

　本編と同期させながら，字幕のみを別の画面で再生するものもあります。ただ，2つの画面を見なくてはならないので使いやすくはないようです。手話入り映像資料もほんの少し販売されています。

　視覚障害者のために，副音声の入った映像資料があります。副音声はセリフの邪魔にならないようにする等の配慮が必要で，その作成には専門的な技術を必要とします。

　まだ数は少ないですが，これらの字幕・副音声等のすべてを入れたバリアフリー映像資料も販売されています。字幕や副音声の有る無しを切り替えられるものもあります。

　資料ではありませんが，バリアフリー映画会を開催する図書館が出てきました。販売されているバリアフリー映像資料を使う方法もありますが，ボランティア等がリアルタイムで副音声を語り，それをFMラジオで受信して利用する形式のものもあります。

(9) ピクトグラム

　ピクトグラムは，絵文字といわれるものです。ピクトグラムつきの絵本等が，ほんの少し販売されています。

　ピクトグラムは資料だけではなく，館内の案内表示や図書館の案内パンフレット等に活用することができます。文字の読めない外国人にも有効です。

(10) アクセシブルな電子書籍

　電子書籍は，障害者に大きな可能性を持っています。それは，誰かに読んでもらわなくても，自分だけでパソコンや再生機等を使って利用することができるようになることです。たとえば，文字を拡大したり，合成音声で読み上げたりすることができます。また，いちいち書店や図書館に行かなくてもインターネットを通じて利用することができるのも，外出が困難な障害者にとって便利です。

電子書籍の形式は大きく分けると，メディアそのものによる提供と，インターネットからの利用の2つになります。電子書籍の利便性を考えると，後者の方が中心になっていくのかもしれません。また，コンテンツ中の画像を動かしたり，問題集に答えの書き込みをして後で簡単に消せるなどの，紙の図書にはない特性もあります。ただ，今のところ図書館ではあまり普及していません。

　電子書籍で問題なのは，障害者にアクセシブルでないものの方が多いことです。技術的にはアクセシブルなものを提供することは可能ですが，さまざまな理由により，そうなっていません。

　出版界では，電子書籍に，多くの人にアクセシブルなテキストデータを付けて販売してはどうか等の検討がなされています。ただ，それもまだ全体の方針にはなっていませんし，本当にこの方法がよいのかということについても論議があります。

　マルチメディアDAISYの最新バージョン「DAISY 4」(動画も再生できるもの)と電子書籍のフォーマットのひとつである「EPUB 3」がほぼ同じもので，これを使えば最初から障害者も使える電子書籍が販売されることになります。早く，障害者へのアクセシビリティーを確保した上での電子書籍の提供を行うようになってほしいと願います。図書館では，そのような電子書籍を積極的に導入するのがよいでしょう。

2　資料の入手方法

(1)　購　　入

　図書館資料というと購入することをまず考えますが，残念ながら障害者用資料はほとんど販売されていません。

　点字出版所による点訳図書と，点字雑誌，音声DAISYの図書・雑誌が，ほんの少し販売されています。しかし，それらは年間で数百タイトル程度で，とても障害者の要求にこたえられるものではありません。大活字本も従来はそのような状況でしたが，最近高齢化が進んできたこともあり，今までよりは多くのものが出版されるようになってきました。

それぞれ高度な専門技術のある業者が製作販売しています。図書館では、そのような業者を守り育てていく観点からも、また質の高い資料を普及させるためにも、積極的に購入したいところです。

(2) 寄　　贈

　障害者用資料の寄贈というと、誰かが購入したものを寄贈してくれるのではなく、ボランティア等が独自に製作したものの寄贈申し出がほとんどです。自治体の広報や議会だよりなどを寄贈してくれる例もありますが、厳密にいうと図書館の障害者サービスとは異なります（自治体サービスの肩代わり）。

　音声DAISYや点訳図書の寄贈申し出もあります。点字はともかくとしても、著作権法では、録音資料をボランティアグループが自由に作ることは許されていません。そのため、（言葉は悪いですが、）不正に作られたものを図書館がもらうことはできません。

　ただ、図書館からの依頼により、外部のボランティアグループ等が障害者用資料を製作し、図書館を通じて提供することは可能です。これについては、資料製作の項で記します。

　いずれにしても、寄贈いただけるものもごくわずかです。

(3) 相互貸借、インターネットからのダウンロード

　前述のように、障害者用資料は、購入・寄贈による入手はほとんどできません。そこで一番行われているのが、全国的な相互貸借です。全国の公共図書館や点字図書館で製作した資料を、お互いが貸し借りしています。

　この相互貸借を実現するためには、どこが何を持っているかが分からなくてはなりません。そのために、国立国会図書館サーチ、サピエ図書館という2つの全国総合目録サイトがあります。ここで検索すれば、全国の資料を見つけることができます。

　次に大切なことは、実際の物流方法です。点字・録音資料は、第4種郵便物として無料で送ることができます。無料で送れるのは、図書館と利用者の間、

写真6-4 サピエ図書館のトップページ　　写真6-5 国立国会図書館サーチの障害者向け資料検索画面

および製作施設相互です。

つまり、全国の点字・録音資料を無料で自分の図書館に入手することができます。この相互貸借システムにより、あたかも、「全国の資料が自館資料」のように、利用者に提供することができます。障害者用資料を所蔵していなくても、たくさんの情報提供ができるのです。

なお、この無料の郵送は、点字と録音資料のみが対象です。そのため、その他の障害者用資料の入手方法となると、有料の郵送を使うか、県立図書館による資料搬送システムを使うことになります。資料が少ししか製作されていない現状を考えると、これらの資料の物流方法についても何かよい方法を考える必要があります。

また、障害者用資料でも点字やDAISYのようにデジタルデータになっているものは、インターネットサイトから入手できるようになってきています（後述します）。これにより、簡単に早く資料を入手できるようになりました。

(4) 自館製作

利用者からのリクエストを受けて検索しても、全国どこにも製作館がないものがあります。そのような場合には、図書館は自ら資料を製作することを考えます。

以前は、障害者サービスというと、すぐさま資料製作をしなければならない

と考えてしまったこともあるようですが，資料を作るのがサービスではなく，利用者からのリクエストにこたえる手段として資料を製作するのです。録音(音声DAISY)・点字資料を製作している図書館が，全国で200余あります。ただ，この他の資料となると製作館はわずかです。

3　インターネットを利用したDAISYデータ等の配信サービス「サピエ図書館」と「国立国会図書館」

(1) 障害者サービス用資料データの収集

障害者サービス用資料は，以前は各製作館が所蔵し，全国に貸し出しをしていました。ところが，点字・DAISY・テキストデータ等資料がデジタル化すると，どこかが集約し，そこからインターネットを使って配信する方が，利用者にとっても個々の製作施設にとっても便利であることがわかりました。

利用者にとっては，個々のサイトを調べる手間がなく，一度に検索利用することができます。製作施設にとっては，個別にインターネット配信サイトを立ち上げそれを維持するのには，大きなお金と手間がかかってしまいます。さらに，デジタルデータはデータベースにしろ個別のメディアにしろ，これらはプラスティック等の記録媒体に記録されたものですから，実は紙に比べ，そのまま長く保存できるものではありません。技術の進展に合わせて時々に適した媒体でのバックアップが絶えず必要となります。このような資料の「保存」を，各製作施設だけに委ねておくのでは心配です。

そこで，視覚障害者情報提供施設(点字図書館)が製作したものは「サピエ図書館」で，その他の公共図書館等が製作したものは国立国会図書館が保存することになっています。

(2) 資料の検索

サピエ図書館と国立国会図書館のサイトでは，(1)の資料データそのものの収集だけではなく，その他の製作資料の所蔵情報の書誌も収集し，それらを合わせて検索できるようになっています。つまり，全国で製作されている障害者

サービス用資料の情報がどちらかのサイトにあり，その中には，書誌情報だけのものと書誌情報にデータそのものもついてダウンロード等ができるものもあるということです。カセットテープ図書はアナログなので，書誌情報は載っていますが，当然ダウンロード等はできません。点字も紙だけのものと，紙と点字データの両方あるものがあります。

　また，サピエ図書館と国立国会図書館サーチはお互いに横断検索ができるようになっています。これは，片方の検索画面から両方の情報を検索し結果を表示してくれるものです。利用者や図書館は，どちらかの画面で検索を行えば全国の情報を瞬時に調べることができます。実はまだ検索結果が完全に一致していないのですが，この2つの全国総合目録の検索機能により，所蔵館を調べ相互貸借の依頼をしたり，ものによっては直接ダウンロードしてデータを入手することができます。

(3) ダウンロードとストリーミング再生

　(2)の資料検索は誰でも無料で行うことができますが，ダウンロードやストリーミング再生は，利用できる人が限定されています。著作権法でいう視覚障害者等は，登録すればどちらでも無料で利用できます。しかし，図書館等の施設では，国立国会図書館は登録すればすべてを無料で利用できるものの，サピエ図書館は利用料を支払っている施設でしか利用できないサービスがあります。仮に横断検索でヒットしても，サピエ収録のものはダウンロードやストリーミングが利用できない仕組みになっています。

　それぞれの利用条件を満たしているところでは，2つの総合目録にある障害者サービス用資料データをダウンロードして使うことができます。ダウンロードしたデータをパソコンで再生することもできますし，CDやSDカード等の，再生機に対応したメディアにコピーして利用することもできます。DAISY雑誌は，毎回いちいちCDを郵送で貸し借りしていると時間も手間もかかり，製作館も借り受け館も作業負担が大きくなってしまいます。ダウンロードしてコピーする方法が最もよい方法です。

ストリーミング再生というのは，検索してヒットした音声データを直接再生するものです。ダウンロードでは時間がかかるのとファイルのコピー等が必要ですが，ストリーミングでは時間的なストレスはありません。内容をすぐに聞くことができます。実際に少し聞いてみて読むかどうかを判断する等，立ち読み感覚で録音図書を利用することができます。

　なお，このストリーミング再生でDAISYをフルに利用するためには，専用のソフトが必要ですが，ただ音を聞くだけならダウンロードしてから一般のメディアプレイヤーでも再生することができます。

(4) サピエ図書館・国立国会図書館サーチの障害を持つ利用者のための
　　サービス
　著作権法でいう視覚障害者等に当たる人は，それぞれに利用登録すればすべての機能を無料で利用することができます。資料の検索はもちろんですし，データのダウンロードやストリーミング再生ができます。

　これらのことを行うためには，パソコン（視覚障害者は音声パソコン）・一部のDAISY再生機・一部の携帯電話・iPhone・iPad等で，DAISYを再生したりするソフト・アプリが必要です。

4　障害者用資料製作の現状

(1) 図書館が資料を製作する理由
　図書館が障害者用資料を自ら製作している理由は，障害を持つ利用者からのリクエストに必ず応えていくための手段です。

　リクエストされたものが購入できず，自館に所蔵がなく，全国総合目録で検索しても所蔵館がない場合，「すみません，全国どこにも所蔵館がないので提供できません」といってよいのでしょうか。原本が書架にあるのに，録音資料がないからといって障害者には提供できないというのはおかしな話です。図書館は必ず提供するための手段として，障害者用資料を製作しているのです。

　そのため，製作された資料は原本の2次資料です。一般資料の収集方針とは，

異なる概念になっています。結果として，リクエストされたものの中で，全国どこにもないものを製作するので，小説や読み物以外のさまざまなジャンルのものも製作することになります。

(2) 資料の製作者

このように，資料製作は資料提供を障害者に保障するためのものですから，本来図書館が行うべきものです。具体的には図書館職員ができれば一番よいのかもしれません。

ところが，対面朗読や資料製作を行う人には，高度な専門知識と技術が必要です。たとえば，音訳は知識的に知っているだけではだめで，実際に行うには高度な技術を習得する必要があります。そのためには多くの研修を受講しなくてはなりません。

また，実際の資料製作にはかなりの時間を必要とします。さらに，図書館職員の場合数年で異動してしまうことから，せっかく研修を積んで身につけてもまた1からのやり直しになってしまうこと等，職員が行うのは現実的でありませんし，品質の確保という意味でも心配です。ただし，資料製作の一部を図書館職員が担当する事例はよくあります。

実際に資料製作の大半を行っているのは，ほとんどが音訳・点訳者等の「図書館協力者」といわれる人たちです。図書館協力者はボランティアではなく，職員に代わりその業務を行う人たちです。

資料製作における図書館職員の仕事は，利用者に使いやすく原本に忠実な資料を製作するためのコーディネイトと，その責任です。最終的には図書館(その職員)の責任で製作し，利用者や社会に提供していく義務があります。

(3) 資料製作の現状

前述のように，本来の図書館における資料製作は，職員のコーディネイト・責任・判断の上で，図書館協力者の協力を得ながら行うものです。もちろん，職員がすべてを行うことも可能です。

ところが現実には，そのようなきちんとした製作体制がある図書館と，図書館に登録している音訳グループにほとんどすべてを依頼している場合と，外部の音訳グループに丸投げしている場合と，それに委託製作の場合があります。それぞれを簡単に説明し，問題点を明らかにしていきます。

　なお，録音・点字資料には，このように曲がりなりにも製作体制がありますが，マルチメディアDAISYや布の絵本等その他の障害者用資料には，ほとんどきちんとした製作体制はありません（これは大きな問題ですが，別の項で記します）。

　最もよい製作体制は，図書館協力者に図書館に個人登録してもらい，職員との協力により製作を行うものです。資料製作マニュアルのようなものがあり，音訳校正と誤読の修正等の資料の質を確保するための手順もきちんとシステム化されています。その活動に対し報償費・賃金なりの対価が支払われます。図書館主催の養成講座や研修会がありそれにより技術を向上させていきます。職員には製作をコーディネイトし，読みの調査や判断をする能力が必要です。

　次に，図書館の音訳等グループ（または個人）にほとんどすべてを依頼している館があります。図書館協力者として登録しているものの図書館職員は，原本の準備と製作依頼くらいしかしません。そのため，職員に製作のノウハウがなく，結果的に資料の質もグループ任せになってしまいます。研修会も図書館が主催している場合とグループ自らが行っている場合があります。報償費の支払いもあったりなかったりします。

　ここまでが一応，図書館協力者による製作方法といえます。

　他に，外部の音訳等グループに製作のすべてを依頼している館があります。図書館はただ原本を準備するだけで，出来上がった資料を受け入れて貸し出します。校正をどこまで行っているかもグループ任せです。結果，グループ（図書館）により質にばらつきが生じます。ボランティアへの製作依頼であり，ほとんど報償費などは支払われていません。製作期限等もあいまいになってしまうため，利用者への責任ある資料提供に課題があります。

　またこのような外部のボランティアグループから，逆に自ら製作したものの

寄贈申し出を受けることがあります。ここで大切なことは，著作権法第37条第3項で，図書館は障害者用資料を自由に製作することはできますが，ボランティアグループはいくら障害者のためのものであっても自由に製作することはできないということです。「ボランティアグループが自ら作った」段階で違法な録音物となってしまいます。ただし，図書館が依頼して，その依頼を受けてボランティアが製作することは法的に認められています。もし，外部のボランティアグループと協力して資料製作を行うのであれば，「図書館からの依頼を受けて図書館から提供するための資料を作る」という点に注意してください。

　これら図書館協力者やボランティアによる製作ですが，最大の課題は高齢化と若い新人が入ってこないことです。これは，音訳に対する興味関心がなくなったのではなく，主に経済的社会的要因です。現在は，夫婦共働きが普通となっています。かなりの時間を必要とする音訳等の活動に参加したくても参加できない状況にあります。近い将来，これら図書館協力者の確保が難しくなり，その方法を見直す必要があるかもしれません。

　最後に，委託で製作している館について記します。録音・点字資料を専門に製作販売している業者・法人がありますので，そのようなところに，製作依頼をすることができます。業者を選ぶ必要はありますが，かなり高い品質が期待できます。ただ，図書館協力者への報償費に比べるとやはりかなり高いものとなります。委託費があれば質の高い資料を製作してもらい，利用者・社会に提供していくのもよい方法かもしれません。

5　図書館協力者の役割と図書館との関係

　点訳・音訳・DAISY編集・対面朗読等の図書館協力者は，図書館職員に代わり，専門技術を使って資料の媒体変換(製作)を行う人たちです。

　資料製作は，資料提供(貸し出し)のための手段ですから，本来図書館(つまりその職員)が行うべきものです。しかし，職員は音訳等高度な専門技術を維持することが困難なため，図書館協力者に，資料を製作してもらいます。職員の代わりとなって仕事をするのですから，その活動に報償費なり賃金なりが支払

われます。つまり図書館協力者はボランティアとは異なります。図書館職員ができないことを，専門技術を有する外部の専門家にお願いしているのです。

　ボランティアは，基本的に個人の責任で行うものですが，図書館協力者の活動の責任はすべて図書館にあります。わからないことや困ったことは，図書館に相談して判断してもらいます。また図書館協力者には，高度な資料変換技術が求められます。日本にひとつしかない，いわば日本の財産ともいえる資料を製作してもらうのですから，その質の確保には十分留意しなくてはなりません。

　対面朗読を例に考えると，たとえ音訳者の手配を図書館がしていたとしても実際に音訳する人がボランティアであると，利用者には「やってもらっている」「ありがとうございます」という思いが生じます。しかし，なぜ図書館を利用するのに必要以上の感謝をしなくてはならないのでしょうか。図書館の利用を保障するためには，図書館が音訳者を準備するだけではなく，音訳者に賃金なり報償費を支払い，結果として特別な恩義を感じることなく利用してもらえることが重要です。それが「利用を保障している」こととなります。図書館が図書館協力者にきちんと対価を支払うことにより，利用者は気兼ねなく図書館を利用することができるのです。

6　図書館協力者(音訳者・DAISY編集者)の養成

(1) 養成講座の必要性

　前述のように，音訳やDAISY編集には，高度な専門技術を必要とします。それを習得してもらうのに，図書館では，養成講座や研修を行います。

　カルチャーセンター等での音訳講座もありますが，これを修了しただけでは，録音図書を製作する音訳者としては不十分です。このようなカルチャーセンター修了者や経験者がいても，個々の図書館としての追加の研修が必要です。

(2) 音訳者，DAISY編集者に求められる技術

　音訳者には，次のような技術が求められます。
　① 朗読法　文字をいかに音に変えるかということで音訳といいます。音訳は，

意味のまとまりで読むことと，普通の日本語のイントネーションで読むことが基本です。ところが，ただ文字を読ませると「読み口調」になってしまい，普通に話している日本語とは違う読みになってしまいます。読み口調とは，文頭の音が低く，自分の都合で息継ぎをするものです。結果，全体の音が低くなることで暗い印象になり，意味のまとまりと関係なく息継ぎ(間)ができるので内容が頭に入ってきません。つまり，暗くて内容のよくわからない読みになってしまいます。音訳は大変奥が深く，音訳者はその理念を理解するだけではだめで，実際に，できるようになるまで研修をします。優れた音訳者になるためには，長い時間を必要とします。

　② 音声化処理の技術(1)　表紙・図表・写真・地図などを読むことです。録音図書では，これらの情報も読み込まれています。実際に読むためには，音訳のための原稿を作成します。原稿は，著者がそれを置いた目的を考え，簡潔に分かりやすいものを作成しなくてはなりません。

　③ 音声化処理の技術(2)　記号・同音異義語・数式・括弧類等，文字をそのまま読んだのでは意味が正しく伝わらないものがあります。これらを見つけ，どのように説明を入れるか，あるいは間や音の高低を変えてわかるように表現するか，これらを音声化処理といいます。たとえば，「9」「Q」「q」は音で読むとみな「キュウ」ですが，そのまま読んだのでは意味が正しく伝わらない場合があります。「ルートＡプラスＢ」と読んだ時も，ルートの中がＡだけなのか，Ａ＋Ｂなのか，そのまま読んだのではわかりません。

　④ 読みの調査技術　黙読と違い，文字を音に変えるためには，正確な読みをあてなければなりません。そのためには，辞書類を中心にインターネットも活用して，読みの調査をします。地名・人名・固有名詞等実在するものについては正しい読みを見つけなくてはなりません。この読みの調査が，いかに早く正確にできるかで，資料製作にかかる期間(時間)が決まります。

　⑤ 録音機器の操作技術　いくら正確でよい音訳をしても，聞きにくい音で録音しては何の意味もありません。録音機(パソコンで行う場合はパソコン)の操作やマイクの使い方等に習熟する必要があります。

従来は，ひとりの音訳者に，上記すべての技術を求めてきました。しかし，音訳が得意な人が，読みの調査も得意とは限りません。そのため，優秀な音訳者を多く養成することは困難でした。そこで，たとえば図表の説明の下書き作成や読みの調査等，得意な分野を分担して行う方法も考えられます。また，その方が同時進行で作業が進められるので，結果的に早く製作できることになります。

　次に，DAISY 編集者に求められる技術を説明します。

　① パソコンやDAISY 編集ソフトの使い方の習熟　基本的なパソコンの使い方やデータの転送・フォルダの作成などについて知っておかなくてはなりません。もちろん，編集ソフトの使い方にも慣れている必要があります。

　② 録音資料の形式を理解する　録音資料の製作マニュアルに書かれている録音資料の形式を知っておく必要があります。基本，原本と同じなのですが，最初と最後に著作権アナウンス・表紙説明・目次・索引・奥付等があり，これらをどこにどのように入れるのか，製作マニュアルによっても異なります。

　③ 図書の構造を捉えDAISY 図書の製作仕様を考える　DAISY 編集で利用者に使いやすい・原本に忠実な録音図書を製作するためには，図書の構造をとらえてそれをDAISY 図書の仕様にまとめる必要があります。じつは，これが編集で一番むずかしいところで，おもしろい部分でもあります。

　DAISY 編集者の養成は，実際の音源をDAISY に編集しながら行う実技研修です。半日ずつ4日間とか，比較的短期間に初級養成ができます。ただし，ひとり1台のパソコンが必要なのと，受講者数にもよりますが，メイン講師の他に机の周りを回って支援してくれるサブ講師が必要です。

(3) **音訳者養成講座のカリキュラム例**

　市町村立図書館で行う音訳者養成講座の内容と講師を，以下に例示します。初心者対象で一般的な録音図書製作と対面朗読を行うことを目的とした養成です。

1年間に15回とし，初級中級の2年計画です。1回の講座時間は2時間程度で

す。なお，都道府県立図書館には，より専門的な録音図書の製作が求められていますので，さらに，専門分野の読み方(東洋医学・西洋医学等)の講座が必要となります。

　また，応募条件や修了条件を決め，事前説明会を実施し図書館の音訳活動について理解してもらうことが大切です。さらに音訳には向き不向きがありますので，書類審査・漢字テスト・面接等で選考ができるとベストです。

初年度(初級)15回
＊この表では朗読と音訳をほぼ同じ意味として使用しています。

1	講義	「公共図書館の障害者サービスと音訳者の活動」　図書館職員
2	朗読法①	「意味のまとまりで読む」　音訳講師
3	朗読法②	「意味のまとまりで読む」　音訳講師
4	朗読法③	「読点ではなく意味のまとまりを意識する」　音訳講師
5	朗読法④	「間と息継ぎについて」　音訳講師
6	朗読法⑤	「話すように読む　普通の日本語のイントネーション」　音訳講師
7	朗読法⑥	「話すように読む　普通の日本語のイントネーション」　音訳講師
8	朗読法⑦	「意味のまとまりごとに正しい日本語のイントネーションで読む」　音訳講師
9	朗読法⑧	「音声化処理1(図表・写真等の読み)」　音訳講師
10	朗読法⑨	「音声化処理1(図表・写真等の読み)」　音訳講師
11	朗読法⑩	「告知文の読み」　音訳講師
12	朗読法⑪	「音声化処理2(括弧・記号・同音異義語等の処理)」　音訳講師
13	朗読法⑫	「音声化処理2(括弧・記号・同音異義語等の処理)」　音訳講師
14	講義・実技	「対面朗読の実際」　図書館職員
15	講義・実技	「障害者理解と接し方，ガイドの仕方」　図書館職員または外部の専門家

＊研修会は毎週1回のように連続して行います。朗読法以外はどの回で行ってもかまいません。

次年度(中級)15回

1	講義	「デジタル録音図書DAISYの製作方法と音訳者の活動」　図書館職員
2	朗読法①	「意味のまとまりで読む」　音訳講師

3	朗読法 ②	「正しい日本語のイントネーションで読む」　音訳講師
4	実習	「録音機器の操作(1)」　図書館職員または音訳講師
5	実習	「録音機器の操作(2)」　図書館職員または音訳講師
6	講義・実習	「読みの調査法(1)」　図書館職員
7	講義・実習	「読みの調査法(2)」　図書館職員
8	朗読法 ③	「詩歌の読み」　音訳講師
9	朗読法 ④	「小説文の読み(1)」　音訳講師
10	朗読法 ⑤	「小説文の読み(2)」　音訳講師
11	朗読法 ⑥	「音声化処理2（括弧・記号・同音異義語等の入った文章の読み）」　音訳講師
12	朗読法 ⑦	「音声化処理2（括弧・記号・同音異義語等の入った文章の読み）」　音訳講師
13	朗読法 ⑧	「図表や記号等の入った文章の読み」　音訳講師
14	朗読法 ⑨	「表紙・目次・奥付等をどう読むか」　音訳講師
15	まとめ	「録音資料製作の実際」　音訳講師

＊講座に続けて，実際の製作実習型研修ができるとさらによいです。

7　録音資料製作の方法(例)

(1) 製作の手順

① 音訳者による音訳

　音訳者は，最初に読みの調査を行い，表紙や図表を読むための原稿を作成します。ここまでの作業がいかに早く正確にできるかで，録音資料の製作日数が決まります。

　その後，実際の録音をします。音訳者は，録音終了後，必ず自身で内容を確認し間違いを修正しなくてはなりません。

② 音訳校正

　音訳校正者による校正は，録音資料の質を左右する重要な仕事です。誤読だけではなく，アクセントの間違いや図表の説明の適切でない表現などもチェックします。さらに，間違いを指摘するだけではなく，その正しい読みを辞書類の根拠も合わせて音訳校正表にまとめます。

音訳校正は，音訳者の中から読みの調査技術に優れた人に担当してもらいます。できれば，音訳や音声化処理の技術が高く「人を育てる気持ちのある人」が適任です。
③ DAISY編集
　DAISY編集は，音訳者が製作した音源をパソコンに落とし込み，DAISY製作ソフトを用いてDAISYデータに変換する仕事です。製作ソフトの使い方に習熟していることは当然ですが，個々のDAISY図書の編集方針を考え，「製作仕様書」が作成できるようにしなくてはなりません。製作仕様書に沿って実際の編集を行います。
④ DAISY校正と修正
　DAISY校正は，DAISY編集者によって製作されたDAISYデータが製作仕様書どおりになっているかどうかを確認する仕事です。編集の間違いが発見された時は，校正者が直接修正します。DAISY編集者の中で，特に編集技術に精通している人が担当します。
⑤ DAISYデータの保存，圧縮，CD等メディアへの書き込み
　できあがったDAISYデータは，大きな容量の記録媒体に入れて保存します（マスターデータ）。
　次いで，CD1枚に入るようにデータを圧縮し，CDに書き込みます（貸し出し用CDの作成）。データの圧縮は，なるべくよい音で保存できるように考慮します。

(2) 録音図書の形式

　2011年12月に「録音（DAISY）資料製作に関する全国基準」が発表されています。公共図書館等では，原則この基準に沿って録音資料を製作します。以下，全国基準より形式の部分を抜粋します。

2　録音図書の形式
2－1　録音図書の形式についての基本的考え方
　(1) 原則，原本のすべてを音訳する。
　(2) 前アナウンス・終わりアナウンス以外の，いわゆる原本の音訳順序（形式）は，

原則原本通りの順番とする。
(3) 表紙・図表・写真等の文字以外の部分についても省略することなく音訳する。ただし，説明の濃淡については資料の内容とそれらが置かれた目的等から判断し，より適切な処理を心がける。
(4) 図表等の説明は，利用者が内容を理解するのに最も適切と思われる位置に挿入する。これにより，原本の掲載ページとは異なるページとなる場合もある。

(略)

2-4　録音図書の形式(例)
　録音図書は以下の順序で音訳する(「　」内は実際の音訳する言葉の例。「帯説明」のような「説明」は音訳者の独自の説明がある場合に使う。)

(1) 前アナウンス
① 書名，著者名　「(書名)，(著者名)著・編」
　　説明　何の本であるかが分かる程度でよい。著者が複数いる場合は，最初の一人の名前と「ほか」とする。
② 著作権，製作施設に関すること(著作権ガイド)
　　「この録音図書(雑誌)は著作権法に基づき，障害や高齢等の理由で通常の活字による読書が困難な人のために，(製作施設名)が製作したものです。」

(2) 録音図書(雑誌)凡例(従来のDAISY図書凡例と録音図書凡例の内容を続けて読む)
　「録音図書凡例……録音図書凡例終わり」

(3) 表紙　「表紙……表紙終わり」
　表紙はカバーの場合もある。表紙の図も合わせて，必要により色・文字の大きさ等も含め，簡潔に説明する。文庫本の表紙等でただ文字だけを読む場合もある。
　裏表紙・帯・表紙の折り返し部分にあるものもここで説明する(音訳者の独自の説明がある場合は「説明……説明終わり」という。)
　「裏表紙より……裏表紙終わり」
　「帯より……帯終わり」
　「表紙折り返し部分より……表紙折り返し部分終わり」

(4) 標題紙(書名・著者名等)
　　書名，副書名，シリーズ名，著者，出版社，出版年等標題紙にあるものをそのまま読む。
　　「(書名)，(副書名)，(著者名)著，(訳者名)訳，(編者)編等)」
　　以下の項目(5)～(12)は原本記載順通りに録音する。

(5) 原本凡例　「原本凡例……」
　　原本に「この本の使い方」等の表記がある場合はそれに従う。

(6) まえがき，序文，口絵等

(7) 目次　「目次……」
　　原本に「コンテンツ」等の表記がある場合はそれに従う。

(8) 本文

(9) あとがき

(10) 著者紹介(著者略歴)・解説・参考資料・年表・索引・広告等
　　「著者紹介……著者紹介終わり」
　　「解説……解説終わり」
　　「広告……広告終わり」

(11) 奥付　「奥付。……」
　　記載通りに録音する。

(12) 終わりアナウンス
　　「以上で(書名)を終わります。」
　　「製作完了，(西暦)年　月」
　　「製作は，(製作施設名)でした」
　　(製作年月と製作施設名の間に，音訳者名・音訳校正者名・DAISY編集者名・DAISY校正者名を録音することができる。)
　　「音訳・(音訳者名)，音訳校正・(校正者名)，DAISY編集・(編集者名)，DAISY校正・(校正者名)」

(3) 録音資料製作の具体的手順(例)

　図書館・音訳者・音訳校正者・DAISY編集者(編集者)・DAISY校正者が行うことを，手順に沿って説明します。

〈第1段階　音訳，音訳校正，訂正〉

① 図書館は，原本を準備し，音訳者等を決め製作依頼をします。
② 音訳者は，読みの調査を行い，表に記録します。表紙・図表等の読みの原稿を作成します。
③ 音訳者は，実際の録音を行い，合わせて自己校正と修正を行います。
④ 音訳校正者は，校正及び誤読の読みの調査を行い，それを校正表に記録します。
⑤ 図書館は，音訳校正の内容を確認し，音訳者に修正を依頼します。
⑥ 音訳者は，音訳校正表の指示により修正を行います。
⑦ 図書館は，できあがった音源のバックアップをとります(以下，要所要所でバックアップをとっていきます)。

〈第2段階　DAISY編集，校正〉

⑧ 図書館は，原本，音源を記録したメディア，DAISY製作仕様書の様式等を編集者に渡し，編集を依頼します。
⑨ 編集者は，DAISYの編集方針を考え仕様書にまとめます。最終的に仕様は図書館と相談して決めます。
⑩ 編集者はパソコンに音声データを取り込み，仕様書に基づきDAISY編集を行います。
⑪ 編集者は，追加で音訳者に読んでもらうものの原稿を作成します(「録音図書凡例等」)。
⑫ 音訳者は，上記録音図書凡例等を録音します。
⑬ 図書館は，録音図書凡例等の音源を確認し編集者に渡します。
⑭ 編集者は，録音図書凡例等の音をDAISY編集して入れ込みます。
⑮ 図書館は，原本，音源の入った記録メディア，DAISY仕様書等をDAISY校正者に渡し，校正を依頼します。

⑯ DAISY校正者は，校正と直接修正を行います。
〈第3段階　図書館によるデータの保存，CDへの書き込み〉
⑰ 出来上がったDAISYデータをマスターデータとして容量の大きな記録メディアに保存します。
⑱ DAISY製作ソフトでデータをMP3に圧縮します。
⑲ 2枚のCD-Rに書き込みます（貸出用マスターと貸出用）。
⑳ 音訳者・編集者・校正者は，一定期間経過後，自宅のHDのデータを削除します。

(4) インターネットを活用した録音等資料製作

　ここまでは，現状の資料製作方法ですが，このほかにインターネットのデータベースを活用した資料製作があります。図書館協力者は来館することなく，自宅のパソコンを通してデータのやりとりを行い，作業を進めます。

　音訳，音訳校正，DAISY編集，DAISY校正を同時に平行的に行うことができます。たとえば，音訳者が，第1章を読んでデータベースにそれをおきます。次いで，音訳校正者がその校正を行い，校正表を所定の場所にアップします。音訳者は2章を読みながら，1章の校正を待って1章の修正を行います。次いで，このように1章の音訳が完成すると編集者が編集を行います（それまでに編集者はDAISYの仕様を考えておきます）。そして，DAISY校正者が1章の校正を行い，修正も行います。このようにすべてが時間差を持って同時に進行していきます。また，これを滞りなく循環進行させるために，全体をチェックし，コーディネイトする人も必要です。

　これにより，大変早く資料を製作することができます。課題は，データベースの維持にお金がかかることと，図書館協力者が職員と直接話をしないため，かなりの力量のある人たちでチームを組む必要があることです。

第7章

図書館利用に障害の ある人々へのサービス

1　対面朗読

(1) 対面朗読とは
① 対面朗読の名称

　対面朗読は，対面音訳・対面読書ともいわれています。対面音訳は，単純に朗読ということばが音訳に変わったための変更です。対面読書は，「朗読や音訳は読み手の側の言い方なので，利用者からみると読書だ」という考えから来ています。どの表現でも基本的にサービスに代わりはありません。また，部屋については，対面朗読室という名称が一般的です。

② 対面朗読の意味

　対面朗読は，閲覧をすべての人に保障するものです。たとえば，本を読むだけではなく，資料を探したり，新聞雑誌を読んだり，資料を使って調査研究をしたり，およそ利用者が図書館で行うこと(つまり閲覧)を誰もができるようにしたものです。読みたい資料をすぐに読めるのが最大の利点です。さらに，読みたいところを探して読んだり，図表の説明を詳しくしてもらう等，対面朗読ならではの特徴があります。

　対面朗読は，対面朗読室のような利用者のプライバシーの守れるところで，対面朗読者(音訳者)または職員が直接利用者の求める資料を音訳するものです。対面朗読室がなくても，研修室等での実施が可能です。

　対面朗読は，図書館のサービス・資料を，障害を持つ利用者にもフルに使っ

写真7-1　対面朗読

てもらうのが目的です。たとえば，資料を探したりレファレンスの結果として資料を見つけ出すのは図書館(職員)の仕事ですが，見つけ出した資料を利用する，つまり音訳して利用するのが対面朗読です。

③ 対面朗読の利用者

　対面朗読は，活字による図書館資料がそのままでは利用できない人が対象です。視覚障害者，高齢で目の不自由な人，発達障害等で本の内容が分からない人，手が不自由で本が持てない人，外国人のように，文字は読めないが音なら理解できる人等が対象です。

　まだ実例はほとんどありませんが，対面朗読のひとつの形式として，文字言語がうまく使えない一部の聴覚障害者のための，手話による読書というのも考えられます。

④ 対面朗読の方法

　対面朗読には，予約制と常駐制があります。

　予約制は，あらかじめ電話等で予約を受け，図書館が音訳者を手配して行うものです。予約制のよいところは，資料をあらかじめ準備できることと，音訳者を適材適所に手配できることです。音訳者にも得意な分野不得意な分野があります。たとえば，英語の本を読める人となると限られた人になります。その

ように，利用者の読みたいものをなるべく読める人を当てることができます。

　常駐制は，開館時間中音訳者が常駐するものです。利用者は予約することなく，いつでも思い立ったら図書館にいくことができます。これは，一般の閲覧とまさに同じ感覚で図書館を利用できます。しかし，資料の内容によっては必ずしも満足に読める音訳者がいるとは限りません。また，一度に何人もの利用者が来てしまうと対応できません。そこで常駐制をとる図書館でも，予約制と組み合わせた方法をとる方がよいかもしれません。また，常駐制をとる図書館では，利用者のいない時間に音訳者は資料製作を行っていることが多いようです。

　以下，予約制の流れを手順に沿って説明します。

　① 電話等で申し込みを受けます。利用日時はいつか，どのような資料を利用するか，図書館で準備するものか持参資料か，図書館までの交通方法・送迎が必要か等を確認します。

　② 職員は朗読室の予約を入れ，必要により利用する資料を準備し，音訳者の手配をします。

　③ 当日は，部屋の準備，必要により録音機等の準備，利用者の送迎，音訳者の受け入れ等を行います。また，対面朗読中にレファレンスを受けたり追加の資料要求もあります。

　④ 終了時には，利用者や音訳者から様子を聞いたり，次回の予約を受け付けたりします。職員による送迎も考慮します。

　⑤ 対面朗読サービスと単なる部屋貸しとの違い

　対面朗読を実施している（としている）図書館の中には，利用者からの受付や音訳者の手配等をまったくせずに，朗読室だけを提供しているところがあります。利用者は，自らボランティアを探し，資料も持参し，図書館の部屋を借りて読んでもらっています。図書館職員は，朗読室が使われているのは知っていますが，誰が何を利用しているかは知りません。このようなものは，図書館の対面朗読サービスではありません。ちょうど集会室を外部の団体に貸し出すのと同じ，単なる部屋貸しです。たとえ，その場で図書館の資料を読んでもらっ

ていたとしても、それは変わりません。対面朗読は、あくまでも図書館が主体となって、閲覧をすべての人に保障するものでなくてはなりません。そのためには、図書館(職員)による音訳者の手配は必須です。

(2) 対面朗読を行う人

　対面朗読サービスを実施できるかどうかは、音訳する人をどうするかということで決まります。職員が行う方法と、図書館協力者(音訳者)が行う方法があります。

　職員が行う方法は、その気になればすぐにでもできるのがよい点ですが、職員にその時間が確保できるかどうかが問題です。よい点としては資料を探したり調査研究を含む対面朗読がスムーズに行えることです。反面、何といっても音訳技術があまりないので、満足に読めないということです。具体的には、内容が分かりにくかったり、スムーズに読めないために時間がかかってしまいます。また、職員がすべての分野のものに精通しているわけでもありませんので、やはり読みにくい資料もあるかと思います。なお、これは対面朗読ではありませんが、電話で短時間に済んでしまうようなもの(たとえば言葉の意味を辞書で調べる等)は積極的に対応してほしいところです。

　音訳者・対面朗読者が行う方法は、正確な音訳技術によりスムーズに音訳できる、利用者の時間を有効に使えるのが最もよい点です。また、予約制では利用者の読む内容にあわせてそれが読める人を適材適所に手配できるのが利点です。職員体制に関係なく実施できます。ただし、音訳者を確保するために、その養成や育成が必要であることは前述しました。ほとんどの図書館ではこの方式をとっています。

(3) 対面朗読の留意点
① 扱う資料　図書館資料(公開されている情報、パブリックな情報)

　対面朗読は閲覧の保障ですから、そこで扱う資料は図書館資料またはそれに準じる資料です。たとえば問題集・パンフレット・説明書等も含まれます。も

ちろん，今図書館にある資料だけではなく，相互貸借により入手した資料や持参資料も含まれます。図書館資料とは，何かという論議はあるのかもしれませんが，図書館は公開されたもの・パブリックなものについて責任を負うところであると考えます。

逆にいうと，個人的なもの，私信や銀行通帳等は対面朗読で読むものではありません。1章で述べたように，それらは代読代筆を行うべきところがあり，そこに任せるべきです。図書館の全資料やサービスをすべての人に利用できるようにするのが，対面朗読です。福祉サービスでは，ありません。

② 利用者・音訳者・職員の連携・役割分担

充実した対面朗読が行えるかどうかは，利用者・音訳者・職員の役割分担と連携がポイントです。

職員は，音訳者の手配は当然として，資料の準備，レファレンスの結果としての資料を探し出すのが仕事です。何かの調査をするのに音訳者が時間をかけて行っているような事例もありますが，レファレンスは職員が行う方が早くてよい結果が得られるはずです。障害者サービスの担当者だけではなく，レファレンス担当職員が行うこともあり，図書館全体の力で利用者の「閲覧」をサポートします。

音訳者は，利用者の目の代わりをします。利用者の読みたいところ，探していること，求めていることを探り音訳します。最初に目次の内容を説明し，利用者と会話をしながら，読みたいところを早く探していきます。対面朗読では図表・写真等を製作資料のようにきちんと音訳するとは限りません。利用者と相談して説明の濃淡を決めていきます。音訳の処理方法は，あくまでも利用者の意思によります。

利用者は，主体的に読書をするための判断・指示をします。今回の対面朗読で何がしたいのか，この資料をどのように読むか等を音訳者に伝えます。たまに，読み方について音訳者と職員が話をして，そばで利用者が待っているようなことがありますが，何か相談があるなら利用者と職員が行うべきです。あくまでも利用しているのは利用者であって音訳者ではありません。

③ 図書館までの交通

　対面朗読の利用があまり伸びないのは，図書館まで行くのが大変だというのも大きな要因です。ひとりで歩いて行くことが困難な人も多いですし，本当は読みたいものがあるのだけれどもわざわざ行ってまで読みたいとは思わない人もいます。図書館までいかに楽に来館してもらえるかということに配慮しなくてはなりません。職員による最寄り駅からの送迎，福祉タクシーやガイドヘルパーの案内等，利用できる福祉サービスについても知っておく必要があります。

　対面朗読は障害者と社会との接点の場でもあります。今まで家に引きこもっていた障害者が，図書館の対面朗読を利用して「自分が社会の中で生きていることを実感できる」と話されていました。テレビやラジオのような受身型の情報ではなく，読みたいものが自由に読めるというのはすばらしいことです。それもまた図書館のひとつの機能であると思います。

2　録音資料・点字資料の郵送貸し出し

　録音点字資料の郵送貸し出しは，最も基本的でしかもすべての図書館で実施できるものです。さらに，障害者用資料を所蔵していなくてもかなりのサービスが実施できます。おまけにほとんどお金もかかりません。

(1) 準　　備

① 特定録音物等発受施設の指定

　第4種郵便の，視覚障害者用録音資料を無料で郵送するためには，日本郵便の特定録音物等発受施設の指定を受ける必要があります。最寄りの郵便局(本局)が窓口になります。一度指定を受ければよいので，過去に指定を受けている図書館では手続きは不要です。申込書には，図書館が視覚障害者のためのサービスを実施していることを証明する書類が必要となりますので，利用規則等がない場合は規則を決めてから手続きをしてください。

　特定郵便物等発受施設の指定を受けると，図書館と視覚障害者の間，製作施設相互の障害者用録音物の郵送が無料となります。

② 消耗品

　郵送貸し出しを行うための消耗品には，専用郵送箱(袋)，CD-R，CD-RW，宛名カードがあります。専用郵送箱・袋は大きな点字図書館の視覚障害者用具を販売しているところで購入できます。

　郵送箱や宛名カードには，簡単な点字装備を行いたいところです。点字シールを貼り付けますが，それを作成するためには，携帯用点字器と点字シールが必要です。点字が打てるテプラのような機器もあります。

③ 機器類

　DAISY図書や雑誌を利用者分コピーして貸し出すためには，CDコピー機があると便利です。もちろんパソコンでもコピーできますが，手間がかかります。

　また，コピーして貸し出すものは，試聴してから提供します。そのためにもDAISY再生機が1台必要です。なお，資料製作も行っているところは，出来上がったものの試聴は必ず行いますので，再生機は必須です。

　サピエ図書館や国立国会図書館の全国総合目録サイトを検索したり，資料をダウンロードするためには，インターネット環境のあるパソコンが必要です。CDに書き込みができるドライブがあることはもちろんですが，SDカードやCFカードが使える外付けカードリーダーがあると便利です。

(2) 郵送貸し出しの方法

① 専用郵送箱と宛名カード(写真)

　前述のように，障害者用のテープ・DAISY・点字資料は，視覚障害者に無料で郵送することができます。専用の郵送箱または袋を用います。テープやDAISYの郵送箱は，そのままポストに入る大きさです。郵送箱(袋)には透明なポケットがついていて，そこに宛名カードを入れて使います。宛名カードは，表に利用者の名前と住所，裏に図書館の名前と住所が書いてあります。視覚障害者は裏表がわかりにくいですから，たとえば図書館側に点字シールを貼る等して分かるように工夫します。

　返却の際は，宛名カードを図書館宛の面を表にしてポケットに入れて，その

写真 7-2　DAISY の郵送箱

ままポストに入れます。点字資料は大きすぎてポストに入りませんので、郵便局まで持ってきてもらうか、配達中の局員に返却を頼みます。なお、本来図書館からこれらの郵便物を発送するときは、特定録音物等発受施設指定の申請をした郵便局に持ち込みますが、どこの郵便局でも受け付けてくれる場合が多いようです。

② 相互貸借・全国総合目録の活用

どんなに大きな図書館でも、自館所蔵資料だけで、利用者の要求に応えることはできません。そこで、点字録音資料の全国的な相互貸借システムができています。しかも、製作施設相互の郵便料金も無料ですので、全国から取り寄せて利用者に提供することができます。逆にいうと、障害者用資料をまったく所蔵していなくても、かなりのサービスを行うことができます。いわば全国の図書館資料が自館資料です。

この全国的な相互貸借システムを支えるものが、「サピエ図書館」と「国立国会図書館サーチ(『点字図書・録音図書全国総合目録』を含む)」という 2 つの全国総合目録です。それぞれのサイトの検索画面で、所蔵館を調べることができます。サピエ図書館は、視覚障害者情報提供施設(点字図書館等)が製作した資料の情報を集めています。国会図書館サーチは、公共図書館等が製作した資料

の情報を集めています。さらに，これらはお互いに横断検索できるようになっています。

　また，この2つの総合目録は，現物の資料の貸し借りだけではなく，障害者用資料データそのものの収集と配信も行っています。図書館や利用者は，直接資料データをストリーミングで再生したり，ダウンロードして入手することもできます。なお，図書館等の施設では，サピエ図書館からデータをダウンロードしたり，オンラインリクエスト機能を使うには利用料がかかります。

③　録音点字雑誌の貸し出し

　点字録音資料には，雑誌もあります。紙の点字雑誌は順繰りに貸し出すことになりますが，録音雑誌は一度に利用者分コピーして貸し出します。利用者は，自分の興味関心のある雑誌を申し込んでおけば，定期的に図書館から郵送で借りることができます。録音雑誌は，全国各地の点字図書館や公共図書館が重複を避けて製作しており，かなりの種類が製作されています。サピエ図書館に「点字録音雑誌一覧」が掲載されていますので，参考にしてください。

④　読書相談，読書案内，目録の作成提供

　視覚障害者等の自宅で資料を借りる人には，世の中にどんな本があり何が流行っているか等の情報があまりありません。そのため，具体的な書名を指定してリクエストできる人は僅かです。たとえば，同じ著者のものを聞いてみたいとか，時代小説が読みたいとか，刑事ものが借りたいとかという，あいまいなリクエストが多くなります。そこで，図書館では，読書相談や案内を積極的に行い，その利用者の求めているものを一緒に探します。

　また，そのような利用者には，所蔵目録・新刊目録・テーマ別目録(所蔵資料に限らなくてもよい)等を製作し，提供します。目録のように，選ぶものがあるとリクエストしやすくなります。また，その目録は，拡大文字版・DAISY版・点字版・テキストデータ版等，利用者の使える形で製作すると共に，郵送だけではなく，メール送信やウェブページの公開も行います。

3 郵送貸し出し（一般図書・雑誌，障害者用資料）

　来館が困難な障害者等を対象に，一般図書資料や障害者用資料を郵送（宅配業者による宅配も含む）するサービスです。ここでは，2節の，視覚障害者に点字録音資料を無料で送る郵送サービスとは分けて考えます。

　この郵送貸し出しは，やろうと思えばすぐにでも行えるサービスですが，配送料金をどこがどのように負担するかが問題となります。また対象者をどこまでにするかを決めなくてはなりません。極端な場合（これは障害者サービスとはいえませんが），料金を利用者負担とするならばすべての利用者が対象でもかまいません。遠隔地に住む利用者対象ということであれば，障害者サービスといえなくもありません。

　注意する点としては，梱包方法を工夫して資料が傷まないように配慮することと，督促をきちんと行い資料の紛失を防がなくてはならないということです。録音資料は，マスターデータが別にありコピーしたものを送っていますので，万一返ってこなくても何とかなります。しかし，このサービスは原本そのものを送りますので困ったことになります。特に，配送料金を利用者に負担してもらう場合は注意してください。

　具体的サービス方法では，利用者の状況により，貸出期間を弾力的に運用したり冊数制限を緩和したりします。後述する宅配サービスとの併用や，返却は家族による通常の来館方式をとる等，いろいろな方法が考えられます。利用者の実情に応じた配慮をしてください。

(1) 心身障害者用ゆうメールを用いた方法

　日本郵便の「心身障害者用ゆうメール」を使うと，重度障害者に図書・雑誌形式の資料を，通常のゆうメールの半額で送ることができます。「図書館用ゆうメール」と表記されます。この制度は，図書館のみに認められているものです。

　従来，この制度を使って重度障害者に資料を送ってきた図書館では，往復の

料金を図書館負担で行う館が多かったようです。そのような図書館では，利用も多く，その分予算を必要としていました。最近は，この制度を使いながらも，片道利用者負担や往復とも利用者負担で行う館も出てきています。いずれの場合でも，返信時に使用する図書館用ゆうメールの申込書はあらかじめ図書館で作成し同封します。

　この制度の課題は，図書雑誌のような冊子体の資料しか送ることができないとされていることです。たとえば，DAISYで広く使われているCD等のメディアは冊子体ではないので送ることができません。その他の障害者用資料の中にも，この制度に該当しないものがあります。

(2) 郵便，宅配業者を用いた方法

　通常郵便や宅配業者のメール便等を使って資料を送るものです。(1)で無理とされているDAISY等はかえってこのメール便を使った方が安い場合もあるかもしれません。メール便のよいところは，料金が安い他に，連絡すれば発送時に取りに来てくれることです。しかし，先方ではポストに入れるだけなので，書留のように直接手渡しをしてくれるわけではありません。

　ゆうパック(小包)・郵便書留・メール便でも料金受取人払いで発送すれば，利用者に直接手渡ししてくれるというメリットがあります。また，発送控えがもらえる，配送途中の状況が確認できる等のメリットもあります。ただし，料金は高いものになります。

　宅配業者に年間契約をして，宅配業者による郵送サービスを実施している図書館があります。料金が一定なのと，定期的に巡回してくれるので，これもおもしろい方法です。ただし，リクエストを受けたり資料の案内をしたりという部分をきちんと図書館職員が行うよう注意しなくてはなりません。

4　宅配サービス

(1) 宅配サービスの考え方

　宅配サービスは，利用者の自宅に職員が資料を持っていくサービスです。定

期的に訪れる例が多いようです。その対象者は，図書館で自由に決めることができますが，障害者手帳を持っているかそれに準じるもの，何らかの理由で来館が困難であるなど一定の基準が必要です。資料を届けるというよりも，図書館のカウンターが玄関にいくというイメージで，その場で読書相談やレファレンス，次のリクエスト等も受け付けます。

郵送貸し出しはお金もかかり，返却時に郵便局まで行かなくてはならない等の問題点がありますが，宅配サービスでは面倒なことがなく逆にやりやすいサービスともいえます。資料の未返却等のトラブルも起きにくいので，市町村立図書館にはお勧めのサービスです。

(2) 宅配サービスの方法

宅配サービスで扱う資料は，通常貸し出し可能なすべての図書館資料です。

具体的方法としては，電話等でリクエストをもらい，職員が徒歩・自転車・公用車を使って伺います。また，図書館間を結ぶ搬送車や移動図書館車が途中で立ち寄る方法もあります。郵送サービスと同様に，貸出期間や冊数については利用者の状況に合わせて運用します。

宅配を職員ではなく，委託契約を受けた団体・図書館ボランティア等が行う方法もあります。この場合注意しなくてはならないことは，まず利用者のプライバシーを守る配慮をしなければならないということで，家族を含め第三者に資料のタイトルが分からないような工夫が必要です。また，リクエストを受けたり，資料の準備をしたりすることは，職員が行わなければなりません。

5　施設入所者へのサービス

(1) さまざまなサービス形態

施設入所者へのサービスには，さまざまな方法があります。そもそも「施設」といっても，高齢者施設・子どものための施設・障害者のための施設等いろいろあり，基本的にそこで生活するものと，デイケアのように昼間だけ利用するもの等さまざまです。これら施設の実情と図書館の状況によりサービスを考え

ていきます。ここでは施設にいて、図書館への来館がむずかしい人たちについて考えます。

　① 施設への団体貸し出し　施設にまとまった資料（一般用資料・障害者用資料）を貸し出すサービスです。リクエストされた資料の他、あらかじめ資料セットを作っておく方法もあります。定期的に資料のやりとりを行います。ただ、著作権法第37条第3項で製作された障害者用資料を団体貸し出しする場合は、その利用者を視覚障害者等に特定する工夫が必要です。

　② 施設に出向いてのサービス　図書館職員が特定の日時に施設を訪れ、さまざまなサービスを行います。場所を借りての直接貸し出し、おはなし会・紙芝居・映画会等の開催、移動図書館車のステーションを置く等があり、これらを組み合わせたものもあります。施設や図書館の実情に応じて検討していきます。

　③ 入所者への郵送貸し出し　郵送貸し出し（一般図書資料・障害者用資料）を実施している館では、施設入所者への郵送サービスを忘れてはいけません。多くの場合、資料の返送等は施設職員が行うことも多いですので、施設と調整をしておかなくてはなりません。また、利用者のプライバシーが守れるような配慮も必要です。

(2) 施設との連携

　施設入所者へのサービスを行うためには、施設（職員）との連携が必須です。施設職員は図書館にどのような資料があり、どのような方法で入所者に提供してくれるのかを知りませんので、図書館側からの働きかけと丁寧な説明が必要です。また、図書館職員も、入所者の状況やどのような支援を必要としているかを知りません。職員相互の意見交換により、最もよいサービスを考えていきます。なお、利用者のプライバシーを守るための工夫が必要です。

6　入院患者へのサービス

(1) 入院患者と情報、患者図書室

　入院患者は、図書館利用に障害のあることは明らかですが、入院患者には2

つの意味で情報が必要です。

　ひとつは，自らの病気に関する情報です。現在は，患者自らが病気やその治療方法を医師と話し合い納得した上での治療が行われています。そのためには，患者も病気についての知識が必要となります。また，同じ病気の人の闘病記等も大いに参考になりますし，勇気づけられるものです。

　もうひとつは，本を読むことによる「癒しの効果」です。回復期にある入院患者は，ただ寝ていることよりも，読書をすることで癒され，治療効果も高まるとされています。いろいろな情報を入手することで，精神的にも実際にも社会復帰の準備となります。

　これらのこともあり，最近は医療スタッフのためではない「患者図書室」を設置する病院が増えてきています。患者のための情報を中心に集めています。また，医療関係雑誌も多数所蔵しています。公共図書館は患者図書館に資料を中心とした支援を行いたいものですが，逆に患者図書館は，専門図書館として公共図書館を支援してくれる存在になっていくのかもしれません。

(2) さまざまなサービス形態

　① サービス方法　入院患者と図書館資料を結びつけるためには，いろいろな方法があります。病院資料室への団体貸し出し，入院患者個人への郵送サービス(病院職員が介在することになります)，図書館職員が病院に出向いての直接貸し出し等です。

　② 資料　入院患者は寝たきり状態の人も多いので，印刷された本をそのままでは利用できない場合もあります。そこで，DAISY等の録音資料も有効です。一般資料だけではなく，障害者用資料の活用も考えます。本を目の前に持ってきて自動でページをめくってくれる機器もありますが，高価で一般的ではありません。スマートフォンで電子書籍やDAISYを利用することもできるようになってきています。

　③ 感染対策　入院患者との資料のやりとりでは，感染を心配する人もいますが，紫外線を使用した除菌システム等があります。一般的には，病院から病

原菌が来てしまうと困ると考えがちですが，病院職員にいわせると図書館からほこり等の雑菌が持ち込まれる方が心配だという意見を聞いたことがあります。ただ，私は入院患者サービスを実施している館で，そのような問題が発生した事例を聞いたことはありません。

7　高齢で図書館利用に障害のある人へのサービス

(1) 障害者サービスと高齢者サービスの関係

　以前は，障害者サービスの一部として高齢者すべてへのサービスをとらえていましたが，現在では，「高齢で図書館利用に障害のある人」をその対象と考えるほうがよいと思います。

　健康な高齢者には，ひとつの利用対象者としての高齢者サービスを行う方法がベストです。たとえば，高齢者のための資料コーナー（大活字資料や拡大読書器を含む）や，主に高齢者をターゲットにした講演会や催し物の開催等があります。健康な高齢者のための，就業支援やボランティア等社会参加への情報提供，図書館ボランティアへの参加促進等も図書館ができるサービスです。

　「回想法」といわれる，昔の懐かしいおもちゃ・道具・写真・本等を用いて記憶・脳を活性化する手法があります。図書館で，このようなコーナーを設置したり，定期的にボランティアとこのような道具を見ながら懐かしい話をする催しを行っているところがあります。高齢者にとって昔の紙芝居や絵本・童謡を歌うことも楽しい催し物です。図書館サービスの可能性のひとつとしておもしろい試みです。

　ここでは，高齢で図書館利用に障害のある人へのサービスについて考えていきます。ただ，この両者は厳密に区別できない点もありますので，高齢者サービスと障害者サービスの連携により，高齢者への図書館サービスを行うのがよい図書館だと思います。

(2) 拡大文字資料，拡大読書器

　高齢になると視力が衰えてくる人も多く，それを理由に図書館利用をあきら

めてしまうこともあります。購入できる拡大文字資料は積極的に購入します。最近は，注文によりオンデマンドで製作してくれる大活字本もありますので，予算にあわせて収集してください。利用者に拡大文字資料であることがわかる工夫が必要です。なお，郵送や宅配サービスを行っている館では，これらの資料もその対象とすることはいうまでもありません。

　拡大読書器は，必ず設置したい機器です。文字の大きさを自由に変えられるだけではなく，コントラストを調整したり，白黒反転表示ができる等優れた機能を持っています（5章5(1)にも説明があります）。

(3) 従来からある障害者サービスの活用―対面朗読，郵送貸し出し，宅配サービス等

　対面朗読・郵送貸し出し・宅配サービスは，従来視覚障害者や重度障害者だけを対象としてきました。しかし，高齢で図書館の利用が困難な人もその対象者であることは，明らかです。すでにサービスを行っている館では，利用規則等を修正し，また新たにサービスを開始する館では，高齢で図書館利用に障害のある人を加える必要があります。

　高齢者の，対面朗読や録音資料・拡大文字資料の郵送・宅配による利用は，大きな潜在的ニーズがあります。まず図書館がサービスを実施し，それを広く社会にPRしていかなくてはなりません。

(4) 高齢者施設等でのサービス

　施設入所者へのサービスで述べたように，高齢者施設でもさまざまな取り組みが考えられます。一般用資料・障害者用資料の，団体貸し出し，郵送貸し出し，宅配サービスがまずあります。移動図書館車のステーションを設けることもできますし，直接，職員が施設に定期的に出向いて資料を貸し出すこともできます。

　施設では，おはなし会・紙芝居・映画会等の催しを施設職員と協力して行うこともできます。

写真7-3 ピクトグラム
出典:近畿視覚障害者情報サービス研究協議会『LL版図書館利用案内』より

8 障害を持つ子どもたちへのサービス

(1) 個々にあった障害者サービス用資料

　障害を持つ子どもといっても，その障害はさまざまです。個々の子どもに応じた資料形態・利用方法を考えていかなくてはなりません。そのためには，職員はまず提供できる資料を知る必要があります。拡大文字資料・点字資料・点字絵本・録音資料・テキストDAISY・マルチメディアDAISY・布の絵本・触る絵本・ピクトグラム・リライトされた本・字幕や手話の入った映像資料等，いろいろなものから選びます。また，これらの障害者用資料の中には，子どもが読むようなものがほとんどないものもありますので，十分吟味してください。いろいろ試しながら，その子どもにとって一番よい資料を探すことが大切です。

　最近，マルチメディアDAISYの教科書が，多く作られるようになってきました。アメリカ等では，国として積極的に取り組んでいます。それだけ，マルチメディアDAISYなら利用できるという障害を持つ子どもが多いともいえます。しかし，残念なことに，日本では，教科書以外のマルチメディアDAISYは，あまりありません。これからの製作体制の充実に期待したいと思います。

以前ある研修会で「10歳までは本は親が読んであげるもの」と聞いたことがあります。それは大変意味深いことばですが，障害を持つ子どもにとって自分だけで読書ができるという体験は重要です。今までほとんど本に興味を示さなかった子どもが，マルチメディアDAISY図書に巡り合って喜んで読書をするようになったという話を聞きました。障害を持つ子どもにとって(実は大人もそうですが)，「自分でできる」ということはとても大切なことなのです。そのような資料をぜひ見つけてあげたいと思います。

　個々の子どもに合った資料を探すというのは，もちろん家族との意見交換も必要です。子どもと図書館職員とのやりとりだけではなく，親も交えていろいろ検討してみてください。実は点字絵本・布の絵本・マルチメディアDAISYは，障害児を持つ親が中心となって製作グループを作っていきました。せっかく自分の子どもにとってよい資料があるのに，その製作体制がないことを知り，自ら製作することにしたのです。本当に子どものためになる資料を親が知っている証でもあります。

(2) 読書支援用具の活用

　ディスレクシア等の子ども(実は大人も)には，リーディングトラッカー(スリット)と呼ばれる読書支援用具を用いて，今読んでいる箇所に集中できるようにすることで，原本を読みやすくする方法があります。これは，厚紙やプラスチックシートの中ほどに1行分とか3行分とか四角く穴を空けて読みたい部分を示すものです。黒い定規を充てるだけで読みやすくなることもあります。また，色つきクリアファイル等を用いて色を変えることもできます。これらの用具は，市販のものもありますし，手作りのものも広く使われています。

(3) 学校との連携

　特別支援学校・特別支援学級には，多くの障害を持つ子どもたちがいます。さらに，普通学校にも統合教育として障害を持つ子どもたちが多数通っています。図書館は，これら学校と連携して障害を持つ子どもへのサービスを行いま

す。
　図書室や支援学級の先生と協力して資料提供を行うこともできますし，もっと積極的に，図書館職員が学校を訪問し，おはなし会や演劇などを一緒に行う事例もあります。公共図書館は全国の図書館や点字図書館と連携して資料の入手・提供ができますが，学校の職員はほとんどそのことを知りません。公共図書館を通じて，全国の資料を子どもたちに提供できることを伝えてください。
　逆に，学校には教員等が製作した障害者用の教材(資料)があるかもしれません。これらをその学校だけに埋もれさせてしまうのではなく，学校図書館が製作した資料として，公共図書館から全国に貸し出すこともできます。全国の障害を持つ子どもたちへの貴重な資料となる可能性があるのです。
　これらを実現するためには，職員相互の共通理解が必要です。お互いのできること・現状・問題点を率直に話し合い，協力関係を作っていくことが大切です。
　実は，公共図書館と学校との障害者サービスにおける連携はあまりなされていないのが現状です。そもそも一部の地域を除いて，図書館と学校の連携そのものが不十分です。図書館の障害者サービスの実施率が低く，満足のいくサービスが行えていませんし，学校の専任職員(学校司書)の配置もまだまだで，障害者サービスまで考えられていません。しかし，前述のようにお互いが連携することで，障害を持つ子どもへのサービスを展開できる可能性があるのです。全国的なネットワークで構築されている障害者サービスですから，ぜひそれに学校(図書館)も加わってほしいと願っています。

9　聴覚障害者へのサービス

(1) コミュニケーションの確保

　聴覚障害者には，主に手話を用いてコミュニケーションをする人と，文字言語で会話のできる人がいます。手話にも，日本語と異なる独自の言語体系でできている「日本手話」と，日本語をそのまま手話に代えた「日本語対応手話」があります。
　図書館では，職員が手話ができる場合は手話バッジをつけたり，カウンター

に「手話のできる職員がいます」等の表示をします。手話が無理でも，ホワイトボードなどの筆談の準備をしておきます。

　補聴器ユーザーのための支援機器である磁気誘導ループがあると，カウンターでの会話や講演会の講師の声を聞きやすくすることができます。

　講演会等の催し物では，希望により手話通訳や要訳筆記などの情報保障を行います。

　図書館の利用案内(映像)に，手話や字幕をつけるところが出てきています。

(2) サービス

　聴覚障害者のための資料として，字幕や手話の入った映像資料があります。聴覚障害者用の字幕は，洋画の日本語字幕のような単なるセリフだけではなく，その他の必要な音情報も字幕になっています。このような資料を製作している聴覚障害者情報提供施設というものがあります。しかし，残念なことに直接個人が利用することが中心で，図書館との連携はあまりできていません。

　図書館では，聴覚障害者用映像資料を購入等で入手し，窓口だけではなく郵送で貸し出すサービスがあります。日本郵便の聴覚障害者用ゆうパックを利用すると，割引料金で発受することができます。

　字幕・手話入り映像資料を上映する，バリアフリー映画会というものがあります。視覚障害者には，副音声を付けます。

　また，手話によるおはなし会を行っている図書館があります。障害を持つ子どもも持たない子どもも一緒に見ることができ，障害者の理解につながります。

　聴覚障害者の中には日本語の文字が理解しにくい人がいます。理論的には，手話による対面朗読や，LLブックのようにやさしく書き直した本の利用が考えられますが，まだ実例はありません。

10　多文化サービス

　障害者サービスは，すべての人(住民)にすべての図書館サービスを行おうとするものですから，以下にあげるような日本に住む外国人や異なる文化を背景

に持つ人たちも，図書館利用の障害者と考えることができます。

多文化サービスは，「多文化社会の図書館サービス」と言い換えると分かりやすいかもしれません。民族的，言語的，文化的少数者（マイノリティ）のための図書館サービスです。

具体的には，在日韓国・朝鮮人，外国人労働者，難民，結婚して日本に住んでいる人，中南米出身の日系人のような外国籍の人々がいます。さらに，アイヌ民族，海外で成長した日本人，帰化して日本国籍をとった人のように，日本国籍を持っていても異なった文化的，言語的背景を持つ人たちがいます。

このような人たちに，図書館の利用を保障するものが多文化サービスです。そして，すべての住民が，相互に民族的・言語的・文化的相違を理解するための資料・情報の提供も大切です。

収集する資料としては，①外国語（マイノリティ住民の母語）の資料，②日本語を習得するための語学資料，③日本語で書かれたマイノリティ住民・文化に関する資料，等があります。

資料収集の他に，外国語の利用案内，外国語のウェブページを作成したりする他，サービスを行うための職員の研修も大切です。集会や催し物で，いろいろな文化の人が参加できるような企画をすることもあります。

11　受刑者等矯正施設入所者へのサービス

矯正施設の資料室には，貧弱な資料しかないところも多いようです。また，再犯を繰り返す人の中には，知的障害や精神障害のある人の割合が多いともいわれています。そのような人たちの利用も考慮した資料提供が必要です。

図書館から受刑者のためのサービスとして，資料室への団体貸し出しなどがあります。地域にそのような施設があることが条件になりますが，日本ではまだ実施館数はわずかで，サービス方法も確立できているわけではありません。関係者の協力と連携で，よりよいサービスを構築していく必要があります。

第8章

障害者サービスを
始めるために―PR方法

　障害者サービスを開始するためには，まず担当者を置く必要があります。図書館の体制にもよりますが，市町村立図書館では他の業務との兼務が多いようです。ただし，担当者は複数置いて，相談しながら業務を進めることと，人事異動などで人が代わっても事業の継承ができるように配慮しなくてはなりません。また，都道府県立図書館では専任の障害者サービス担当・係を置いている館のサービスが充実していることは明らかです。

1　準　　備

(1) 障害者サービスの理念や方法を学ぶ

　まず，担当者は，障害者サービスの理念や具体的なサービスについて学ばなければなりません。すでに，サービスを実施している館では，先輩や実際の業務から学ぶことができますが，一から始めようとする館では，担当者が自ら積極的に習得しなくてはなりません。具体的には，以下のようなことが考えられます。

① 自館の業務から学ぶ

　障害者サービス実施館では，自館で実施しているサービスから学ぶことができます。といっても，障害者サービスそのものが，日本の図書館の中でまだまだ発展途上のものですから，自館で行っているサービスを基にしながらも新しいことにも目を向けなくてはなりません。

② 先進館に学ぶ

　県立図書館や近くの図書館で障害者サービスの先進館があれば，そこに出かけていって直接教えてもらいます。先進館の担当者は，利用者の現状やサービスの課題やむずかしいところも熟知していますから，とても参考になる話を聞くことができます。

③ 研修会・講座等から学ぶ

　県単位での障害者サービス研修会を実施している地域があります。他にも，文部科学省・全国公共図書館協議会・日本図書館協会・国立国会図書館等が開催する障害者サービス研修会があります。日本図書館協会では，毎年担当職員養成講座を開催しています。今までこのような研修会を実施してこなかった地域でも，日本図書館協会では講師の派遣をするなどして，研修会を実施できるように支援しています。また，全国図書館大会や図書館問題研究会全国大会では，障害者サービスの分科会があります。

④ 文献から学ぶ

　障害者サービスを総合的に紹介するものは，あまり数はありませんが，文献から学ぶこともひとつの方法です。『障害者サービスと著作権法』(日本図書館協会，2014)のように，個々のテーマでの本も出されています。また，DAISY・布の絵本・点字絵本等の障害者用資料については，作り方や考え方などの本が出されています。

(2) **自館の状況を把握する**

　障害者サービスを考える前に，まず自分の館の状況を把握しておく必要があります。

① 職員の状況

　図書館職員であれば，自館の職員の状況はわかっていると思いますが，それが標準的とは限りません。職員数ひとつとってみても，同規模の図書館でも，自治体によってずいぶん違っていたりします。勤務体制や非常勤職員の状況等も改めて確認しておく必要があります。

② 施設設備の状況

　現状の施設設備について，障害者や高齢者の来館を想定して考えてみてください。利用しやすいものになっているでしょうか。具体的にどこに問題があるのかを考える必要があります。すぐに改善できないこともありますが，機会を逃さずに改修していきます。

③ 資料の状況

　障害者・高齢者が利用できる資料という視点で考えると，求められているような内容の資料をどれくらい所蔵しているでしょうか。資料についても改めて考えてみます。

④ 自治体の図書館体制

　自治体内にはいくつの図書館があり，どのような連携システムで運用されているでしょうか。なるべく近くの図書館を利用したいという障害者も多いので，その自治体の図書館全体で障害者サービスを構築していきます。

⑤ すでに行っている関連サービスの確認（児童サービス，高齢者サービス，団体貸し出し，郵送貸し出し等）

　特に障害者サービスとしていなくても，すでに行っているサービスがあるかもしれません。大活字本や点字本の収集は，多くの図書館で実施しています。貸出文庫や移動図書館車で，高齢者施設や特別支援学校等にサービスを行っている事例もあります。図書の郵送貸し出しもそのまま障害者へのサービスにつながります。

(3) 地域・利用者の状況を把握する

① 地域の状況

　自治体は，どのような環境に立地しているでしょうか。都市部と山間部ではサービスの方法も異なります。年代別人口動態や，仕事，昼間と夜間の人の動きを大まかに掴んでおきます。住民が，主にどのような交通手段を使っているかも知る必要があります。

② 障害者，高齢者の状況
　障害者や高齢者は，地域にどのくらいいて，そのうち図書館に登録している人は何人でしょうか。自治会・社会福祉協議会・公民館などでさまざまな活動をしていたり，さらには独自の活動をされている場合もあります。これらのことを知っておくと，図書館サービスとの連携やPR等に有効です。
③ 学校，高齢者等施設，病院等の状況
　学校には，特別支援学校の他に，普通学校に特別支援学級があります。また，高齢者施設・養護施設・病院等を知っておき，サービスの対象に加えます。病院の中には患者図書室を持っているところもあります。
④ 視聴覚障害者情報提供施設，社会福祉協議会等の活動状況
　視聴覚障害者情報提供施設は県にひとつくらいあり，全県を対象にサービスをしています（一部に全国を対象としているところもあります）。社会福祉協議会にはボランティアが組織され，障害者・高齢者にさまざまな活動を行っています。具体的な活動については，自治体によりかなり異なりますので，確認をするとともに，連携についても考えていきます。担当者同士が自由に話せる環境を作っておくことも大切です。
⑤ 障害者へのアンケート調査
　障害者サービスを開始するに当たり，「どんなサービスをしてほしいですか」という調査をすることには意味がありません。利用者は，図書館にどんな障害者用資料があり，またそれをどのような方法で入手できるかを知りません。多くの場合，図書館職員もそれを知りません。図書館は，ただ通常の本を直接貸してくれるところという程度のイメージしかもっていない利用者に，何をしてほしいですかとたずねても何も出てきません。また，多くの障害者は，自分で回答するのにも困難な人も多く，満足な調査も不可能です。まずは，図書館がサービスを考え，それを障害を持つ利用者に広めていくことを考えましょう。

(4) 必要な法規,規則等を集める
① 著作権法(第30条,31条,35条,37条等)
　障害者サービスを支えるものとして,著作権法があります。第31条は,図書館職員で知らない人はいないと思いますが,障害者サービスでは第37条が必須です。これらの条文のコピーを準備しておきます。
② 障害者サービス著作権ガイドライン「図書館の障害者サービスにおける著作権法第37条第3項に基づく著作物の複製等に関するガイドライン」
　通称「障害者サービス著作権ガイドライン」と呼ばれるこのガイドラインは,著作権法第37条第3項を補うものとして製作されたものです。①の著作権法条文とあわせて,このガイドラインも印刷して準備しておきます。
③ 郵便規則(第4種郵便,心身障害者用ゆうメール)
　点字郵便物や視覚障害者のための特定録音物を無料で発受できることを示しているのが,第4種郵便規則です。また,図書館だけに認められている重度の心身障害者のために割引料金で図書・雑誌を送ることができる,心身障害者用ゆうメールという制度もあります。これらも印刷しておきます。
④ 日常生活用具給付制度
　障害者が,よりよい生活や仕事をするために必要なもの(障害者用機器類)を購入するための公的補助制度です。DAISY再生機や拡大読書器等,さまざまなものが対象になっています。用具により,対象者や申請できる期間が異なります。また,厳密には自治体の判断で,ある程度弾力的な運用ができるようになっていますので,詳しい内容が分かるものを準備しておきます。

(5) 実施のための具体的技術を習得する
① DAISYを利用できるようにする
　職員は,DAISY再生機の使い方を知り,パソコン・スマートフォン・iPad等による再生方法も案内できるようにします。
② 郵送貸し出しの用具を知る
　郵送貸し出しに使う,郵送箱・袋,宛名カード等を使えるようにします。図

書館にない場合は実際に借りてみて確認します。
③ 「サピエ図書館」「国立国会図書館サーチ」の利用方法を知る

　インターネットにある「サピエ図書館」や「国立国会図書館サーチ」には，障害者用資料の全国総合目録としての機能と，障害者用資料データのデータベース機能等があります。これらを，使いこなせるようになりましょう。サピエ図書館には，有料のオンライン相互貸借システムもありますので，状況により加入を検討してください。

2　障害者サービスの実施計画を作る

(1) 障害者サービスのプログラムを作成する
① 障害者サービス担当を置く

　この章の冒頭で，障害者サービス担当を置くことから始まることを説明しました。障害者サービス担当は，サービス計画を作り実施すると共に，館全体の障害者対応について考え責任を負います。障害者への対応について，担当と他の職員との明確な役割分担が必要です。

② どんなサービスを行うのか

　障害者サービスには，対面朗読，郵送貸し出し，宅配サービス，施設入所者・入院患者へのサービス等がありますが，これらのサービスは，市町村立図書館が基本的に実施してほしいものです。特に，障害者用資料や一般資料の郵送貸し出しは僅かな経費で実施できますので必ず計画に入れてください。対面朗読も必須のサービスです。といっても，何もかも一度に開始するのではなく，順々に拡大していく方法もあります。また，地域の実情（特別支援学校がある等）にもよりますので，まずはこれをしてみたいというものをリストアップします。

③ どんな資料をどのように収集するのか，資料製作をするかしないか

　まず，購入できる資料に，どのようなものがあるかを調べます。既述のように，障害者用資料の中には無料の相互貸借で借りられるものも相当ありますので，それも考慮して資料収集を考えます。障害者用資料を自館で製作するかど

うかは，大きな分かれ道になります。
④ 図書館協力者，ボランティア等との連携協力をどうするか
　音訳者等の図書館協力者による対面朗読と資料製作を行う場合は，その養成と育成が必要です。また，地域のボランティアと連携して資料を製作してもらい寄贈を受ける方法もあります。資料製作を行うかどうかは仕事量にも大きな違いが出てきますので，じっくり検討してください。規模が大きく力のある図書館では，ぜひ資料製作をしてほしいと思います。

(2) **年度計画を作成する**
　次に，年度計画を作成します。中期的には，このようなサービスをしていきたいということを念頭におきながら，まず，今年度はどこまでどうするかを考えます。
① すぐにできること，やらなくてはならないこと
　郵送貸し出しは，すぐにでもできるサービスです。もちろん，障害者用資料の購入もできますので，大活字本コーナーの設置も可能です。職員による宅配サービスも，やろうと思えばすぐにでも実施できるサービスです。
② 時間をかけて準備すること
　資料製作を行うためには，図書館協力者の養成と育成が必要ですから，数年かけて取り組むことになります。また，施設や学校へのサービスも時間をかけて担当者同士の意思疎通を図りながら進めていきます。
③ 予算化
　サービスに必要な消耗品・備品等を予算化します。障害者サービスのための資料費(障害者用資料と参考資料)，報償費(職員研修会，図書館協力者講座)等も計画的に予算化します。できれば職員を研修会に参加させるための予算も確保したいところです。
④ 施設設備の整備，障害者サービス機器類の購入
　施設設備の改善は，計画的に実施していきます。といっても，最初からあまりお金をかけないで工夫できるものもあります。障害者サービス用機器類とし

ては,DAISY再生機・拡大読書器・ルーペ・筆談用ホワイトボード等は初年度から準備したいものです。

(3) 障害者サービスの規則,要綱等の整備
① 必要により図書館規則の改正
　図書館設置条例等で障害者サービスを実施する上で,現実とそぐわないものがあれば,改正してもらいます。
② 障害者サービス要綱・要領の作成,変更
　初めてサービスを開始する館では,サービス要綱を作成します。すでに,実施している館でも現状に合わないものがあれば,改正します。たとえば,利用対象者を視覚障害者や障害者手帳を持っている者としている場合は,対象者を拡大します。サービス方法も新たなものを加えます。
③ 利用登録用紙等の様式の作成,修正
　通常の利用登録用紙をベースに,追加項目を記入できるようにします。障害の種類,配慮すべき項目,点字の可不可等のコミュニケーションの方法,希望する目録の形態等を加えます。さらに,「視覚障害者等」に該当する理由を障害者サービス著作権ガイドライン別表2の項目から選べるようにしておくと便利です。
④ 図書館システムのカスタマイズ
　通常の図書館システムでは,障害者用資料の貸し出しや障害者の利用登録に対応していませんので,システムで行おうとするとひどく時間がかかったり,できなかったりすることがあります。チャンスがあれば,カスタマイズで修正を依頼しますが,新システム導入のおりには,最初から障害者サービスを念頭に入れて開発してもらいます。なお,図書館のウェブページは図書館システムと一体化しているものがほとんどですが,そのアクセシビリティーにはできる限り対応しなくてはなりません。

写真8-1　さまざまな障害者サービスの利用案内

(4) 利用案内の作成
① どのようなサービス，資料が利用できるかを示す
　メニューのない店に，お客はきません。障害者サービスを開始するに当たり一番大切なのは，この利用案内を作成するということです。それは，図書館としてどんな資料をどのように提供できるかということを具体的に提示することにほかなりません。利用者は障害者用資料についてほとんど知りませんから，どのような方が利用できるどのような資料であるかを案内します。また，それを提供するためのサービス方法についても，具体的に紹介します。
② さまざまな形式の利用案内
　利用案内は，通常の活字版だけではなく，その拡大文字版も作成します。これは，比較的簡単に作れると思います。その他に，特に録音版がほしいところです。現状では，通常の音声CD形式とDAISY形式があるとさらに便利です（音訳者がいればその方に依頼しますが，職員が読むこともできます）。点字版は，委託で製作することが多いのですが，点字プリンターがあればそれほど難しくなく自館で印刷できます。利用案内や目録をメールで送ってほしい，という利用者もいますので，データ版も整えておきます。

③ 図書館ウェブページでの案内

　図書館ウェブページには，障害者サービスを案内するページを作成し紹介すると共に，障害者用資料目録なども掲載します。また，障害者が参加できる催し物案内なども掲載します。

3　障害者サービスのPR

(1) 口コミ—サービスの質が問われる「一度来た利用者を逃さない」

　障害者は，情報入手に困難な人が多く，直接PRをするには限界があります。たとえば，録音や点字で利用案内を作成しても，なかなか読んでいただくまでにはいたりません。

　それでも利用が増えている館では，「口コミ」も大きな要因です。口コミということは，「○○図書館のサービスはいいよ」「図書館に聞いてみたら」といわれるようになっていなくてはならないということです。それだけ図書館のサービスが広く信頼されていることが大切です。

　さらに，一度来た（問い合わせてきた）利用者を逃さないということが大切です。障害を持つ利用者の問い合わせに対して「それはやっていません」「そういう資料はありません」と回答していたら，その人は二度と図書館を利用しようとは思わなくなります。仮に，そのようなサービスや資料を所蔵していなくても，図書館ではこのようなものなら利用できますと案内したり，それはどこそこで利用できますと紹介したり，とにかく利用者が満足して終わるようにしなくてはなりません。図書館に聞けば何とかなると思っていただけることが大切です。図書館では，障害者サービスのプログラム・利用案内を作成し，初めての問い合わせに積極的に対応できるようになっていなくてはなりません。

(2) **図書館ウェブページ，障害者用利用案内，障害者用資料目録，ポスター，チラシ**

① アクセシビリティーに配慮

　障害者サービスを案内するウェブページはもちろんですが，図書館サイト全

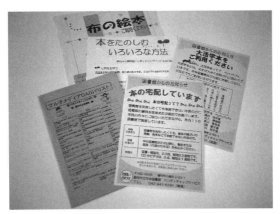

写真 8-2 障害者サービスのチラシ

体がアクセシブルなものでなければなりません。また，利用案内や目録も，大きな活字による印刷版や録音版を作成し，来館者だけではなくさまざまな方法で障害者に配布します。

② ポスター・チラシ

図書館だけではなく，自治体の施設内にポスターを貼ってもらい，案内チラシを置いてもらいます。

③ 一般に周知する

・障害を持つ家族や知り合いに伝えてもらう

障害者サービスをまず一般のみなさんに知ってもらうことが大切です。一般の人は障害者サービスというと，自分（家族も含めて）には関係のないものと考えてしまいます。そこで，拡大文字資料や録音資料等を紹介し，図書館の資料が利用しにくい人であれば誰もが利用できるものであることを伝えます。そして，家族や知り合いにそのような人がいたら，ぜひ教えてあげてほしいということを案内しましょう。

・本人が高齢者・障害者になったときに利用できる

図書館の障害者サービスを広くみんなが知っていれば，自分が高齢者や障害者になった時にそれを思い出してくれます。図書館は，障害者に頼りになる施

設だなと印象づけておきたいものです。

(3) 直接 PR
① 特別支援学校・学級，養護施設等
　これらの学校や施設に直接出向いて，まず，教員や職員にサービスを説明します。図書館は学校や施設に対し，具体的にどのようなことができるかを説明し，協力してサービスを進展させていきたいと案内します。担当者同士の意思疎通ができるようになると，直接障害者・児への PR の機会をもらえるようになります。
② 障害者の集まり
　自治体の障害者団体等の集まりに参加し，直接サービスの案内をさせてもらいます。拡大文字や録音の利用案内があれば，その場で配布します。公民館等の催し物に出かけて行っての案内もできます。障害者とともにサービスを考えていく姿勢が大切です。
③ 福祉課からの文書に案内を入れてもらう
　図書館からダイレクトに障害者に手紙を出すと，なぜ自分のことを知っているのかという不信感につながります。そこで，市役所の福祉課からの文書の中に，利用案内を同封してもらいます。できれば，個々の障害の種類に，より適した媒体での利用案内が送れるとベストです。その場合でも家族が読める通常のものも同封します。

(4) 自治体内，福祉関係者への周知
① 市町村役場・社会福祉協議会に案内を置いてもらう
　市町村役場の福祉課や社会福祉協議会には，何らかの理由で障害者本人やその家族が訪れます。そこに普通の文字の他に拡大文字版や録音版の利用案内を置いてもらいます。
② 福祉関係職員・ケースワーカーに知ってもらう
　自治体内の福祉関係職員に，サービスを知ってもらうことは，大切です。障

害者と直接接する機会の多い人たちですので，さまざまな機会に案内をしてもらえます。また，機会があれば他部局の職員や議員にもサービスを知っておいてもらうと，いろいろな意味で役立ちます。
③ ボランティア・ヘルパーに知ってもらう
　ボランティアやヘルパーも，障害者と接する人たちです。その人たちにも，障害者サービスを知ってもらえるよう工夫します。

(5) 障害者や家族を対象とした催し物の開催
① 障害者サービス用資料展
　所蔵する大活字本等の他，さまざまな障害者用資料を借りて資料展を開きます。無料の相互貸借で借りられるものも多いので，かなりの資料を展示できます。簡単な資料の利用方法も案内します。以下の催し物と合わせて開催することもできます。
② 障害者サービス体験会
　DAISY再生機の操作説明会・図書館の利用体験会・対面朗読体験会等，障害者やその家族を集めて，体験会を行います。社会福祉協議会やボランティア等と連携して，PRや当日の支援についても考えたいところです。福祉祭りのようなものがあれば，それと連携することもできます。
③ 障害者等を対象とした講演会
　障害者や高齢者などを対象とした講演会を開催し，障害者サービスの案内も行います。対象者・内容にもよりますが，点字・手話・磁気誘導ループ等による情報保障と，図書館までのガイドヘルパーなどの手配についてもきめ細かく考えたいところです。特に障害者という意識はなくても，高齢者を対象とした健康医療の研修会にはかなりの参加が見込まれますので，そのような機会にも障害者サービスの案内をします。

第9章

障害者サービス
関連法規・規則

1　著作権法

(1) 日本の著作権法の構造，関連条文

　日本の著作権法は，最初に著作権者の権利を規定し，第30条以降でその著作権者の権利を制限する方法で利用者の権利を保障しています。つまり，「権利制限されている」ということが「利用者の権利を認めている」ということになっています。

　また，その第1条「目的」で，「この法律は，著作物並びに実演，レコード，放送及び有線放送に関し著作者の権利及びこれに隣接する権利を定め，これらの文化的所産の公正な利用に留意しつつ，著作者等の権利の保護を図り，もつて文化の発展に寄与することを目的とする」としています。これは，著作権法の目的を文化の発展に寄与することとした上で，著作権の保護と同時に「公正な利用に留意しつつ」ということで，著作物は公正に利用できなくてはならないことを示しています。この「公正な利用」に障害者を含めて考えることはいうまでもありません。

　図書館のサービスを行うためには，著作権法は重要です。特に，障害者サービスではこの法律によりさまざまなことができるようになっています。まずは障害者サービスに関連する条を提示し，簡単に説明していきます(実際の条文は巻末資料を参照してください)。

　① 第30条　「個人使用のための複製」を認めている条文です。障害者を含

めた個人が自分（またはその家族程度）が使用するために自ら複製（媒体変換を含む）することを認めています。ところが，視覚障害者は自分で録音物にすることは困難ですので，その人に代わって（手足となって）家族やボランティア等が個人的に代行することもできます。対象となる著作物に制限はありません。

②第31条 「図書館による複製」を認めている条文です。図書館のコピーサービスの根拠となっています。この条文は図書館職員にとっては基本ですので，詳細は別の本をごらんください。2009年まではこの条文が一部の障害者への情報提供の根拠とされてきましたが，現在では後述する第37条第3項により行っています。

③第33条の2 「教科用図書の拡大文字等による複製」を認めている条文です。これにより教科書の無償保障と，その製作が進展することとなりましたが，拡大文字以外の形態での複製には限界があります。

④第35条 「学校における複製」を認めている条文です。先生が授業のための複製をすることを認めたものです。たとえば障害を持つ子どものためにテキストデータ等への媒体変換（資料製作）ができるようになっています。あくまでも授業のための複製なので，製作した資料を保存し，他の障害児に提供することはできません。

⑤第37条 「点字による複製」を認めている条文です。誰もが点字による複製（製作）ができるとしています。その目的も貸し出し・譲渡・販売・インターネットによる配信等自由です。

⑥第37条第3項 「視覚障害者等のための複製等」を認めている条文です。現在の障害者サービスを支える重要な規定です（後述します）。

⑦第37条の2 「聴覚障害者等のための複製等」を認めている条文です。本来聴覚障害者のための重要な規定ですが，実質的に運用できない部分があり大きな課題です（後述します）。

(2) **第37条第3項「視覚障害者等のための複製等」の解説**

図書館が視覚障害者等の，目による読書に困難な人へのサービスができるこ

とを規定している大切な条文です。2009年6月に長年の運動により改正がなされ，2010年1月から施行されています。この著作権法第37条第3項と，その後発表された障害者サービス著作権ガイドラインをあわせて運用しますが，これにより世界的にも大変優れた規定になっています。

① 利用できる者

条文では，「視覚障害者その他視覚による表現の認識に障害のある者」としています。視覚による表現の認識に障害のある者とは，目による読書の困難な人を指します。たとえば，視覚障害者，高齢で本が読めない人，発達障害等の理由で本の内容がわからない人，本が持てない等の物理的な理由で本が読めない人たち（障害者サービス著作権ガイドラインで明確化）です。総称して，「視覚障害者等」と，いいます。もちろん，障害者手帳の有無とは，まったく関係ありません。

② 製作提供できる資料

条文では，「視覚障害者等が利用するために必要な方式」とされています。視覚著作物（視覚によりその表現が認識されるもの）を利用することのできない視覚障害者等が，利用するために必要な方式であれば制限しない（何でもよい）というのがポイントです。具体的には，拡大文字資料・録音資料・DAISY資料・テキストデータ・触って分かる資料・ピクトグラム（絵文字）等，視覚障害者等が利用できる形式であれば何でもかまいません。

③ 製作提供できるところ

条文では，「政令で定める者」としています。この政令で，従来の視聴覚障害者情報提供施設や特別支援学校等に加え，大学図書館・学校図書館・公共図書館が認められています。ボランティアグループは含まれていませんが，個別に文化庁長官の指定を受ける方法があります。

④ 提供方法

この条文で製作された障害者用の資料・データは，貸し出しと自動公衆送信（インターネット配信）で提供することができます。自動公衆送信は，インターネットを利用したデータの配信サービスです。この場合，利用者を視覚障害者

等に特定するための工夫が必要です。さらに、第47条の10で譲渡ができるように規定されています。譲渡とは、複製したものを視覚障害者等にあげてしまってよいということです。

⑤ 市販資料との関係

すでに、障害者が使える形式の資料が販売されている場合は、新たに同じ形式のものを製作することができないとされています。これは、障害者用の資料を製作し販売する業者を支援し、最初から障害者が使える形式のものを出版してほしいという思いを示したものです。

(3) 図書館ができること

次にこの法律により、具体的に図書館ができることを示します。

① 障害者用資料が自由に製作できる

視覚障害者等が利用するためのさまざまな障害者用資料を自由に製作することができます。

② 目による読書の困難な人すべてが利用できる

資料が利用できる人は、視覚障害者・高齢で目の不自由な人、発達障害等で内容の分からない人に加え、手の不自由な人・いわゆる寝たきり状態の人等の、物理的な意味で利用に困難な人も含まれます。また、それに該当するかどうかを図書館(職員)が自ら判断できることを結果的に示しています(具体的な方法は障害者サービス著作権ガイドラインにあります)。

③ 資料の、貸し出し・自動公衆送信・譲渡ができる

製作した資料やデータは、貸し出しの他、自動公衆送信ができるようになっています。具体的に、「サピエ図書館」や「国立国会図書館視覚障害者等用データの収集および送信サービス」がそれを実現しています。譲渡については、たとえば利用者から預かった記録メディアにコピーするとか、メディア代の実費を徴収するようなことも可能です。

④ 製作館相互に資料のコピーができる

この条文(第37条第3項)により製作された資料は、製作館から借りたものを

コピーしたり，ダウンロードして蔵書にすることができます。特に，製作館に報告する必要もありません。

⑤ 同じものが販売されている場合は製作できない

　前述のように，同じ形式の障害者が使える資料が販売等入手可能な状態である場合は，新たに製作することができません。販売されているかどうかを調べる方法として，障害者サービス著作権ガイドラインで具体的に確認すべきサイトを示しています。また，後から販売等された場合は，引き続き資料の保存・貸し出しはできますが，自動公衆送信はできなくなります。

(4)「障害者サービス著作権ガイドライン」の解説

　著作権法第37条第3項では，条文のみでは判断に迷うものやグレーゾーンがあります。そこで，それらを明らかにし図書館での運用をしやすくするために，「図書館の障害者サービスにおける著作権法第37条第3項に基づく著作物の複製等に関するガイドライン」(通称「障害者サービス著作権ガイドライン」)を作成しています(巻末にガイドラインのURLがあります)。

　障害者サービス著作権ガイドラインは，著作権権利者団体と図書館関係団体が協議を重ね合意の上決定発表したものです。法律の条文とこのガイドラインをあわせて，具体的な運用を行います。

① 対象となる図書館(ガイドライン3項)

　このガイドラインを適用するところを示しています。大学図書館・公共図書館・学校図書館などです。

② 利用できる人(ガイドライン4項)

　第37条第3項で製作した資料が利用できる人(＝視覚障害者等)を具体的にあげています。さらに，ガイドライン別表1で障害の種類を例示しています。

③ 利用できる人かどうかを判断する方法

　図書館で障害者としての利用登録を行うための判断基準を示しています。具体的にガイドライン別表2であげた項目に該当するものがあれば，登録できることになっています。

④ 製作できる資料（ガイドライン６項）

　具体的に製作できる資料を例示しています。録音・DAISY・拡大・テキストデータ・ピクトグラム・触って分かるもの・映画のサウンドとその音声解説等があります。

⑤ 市販資料との関係（ガイドライン９項）

　同じものが販売されているかどうかを確認する方法を示しています。ガイドライン別表３にあげた障害者用資料販売会社のサイトを検索し，そこになければ製作してよいことになっています。さらに，抜粋版が販売されている場合や販売予定の場合などについて，その取り扱いを示しています。

(5) 著作権法第37条の２「聴覚障害者等のための複製等」の解説

　第37条の２は，「聴覚障害者等のための複製等」を示した規定です。条文の文面は第37条第３項に似ていますが，ずいぶん異なる内容になっています。具体的には，聴覚障害者等に行えることを２つに分け（以下，①と②で説明します），それぞれにできる施設を限定しています。

　さらに，②については第38条第５項で，資料の貸し出しには補償金の支払いを求めています。聴覚障害者用資料を貸し出すのにお金を支払わなくてはならないというのも困ったことですが，そもそも補償金を支払うシステムが存在しませんので，貸し出すだけではなく製作そのものもできません。結果として，②の条文が意味を持たない規定になってしまっています。

① 字幕・手話の作成と提供・自動公衆送信

　条文では，「一　当該聴覚著作物に係る音声について，これを文字にすることその他当該聴覚障害者等が利用するために必要な方式により，複製し，又は自動公衆送信（送信可能化を含む）を行うこと」となっています。

　この，字幕や手話の形にして，それらを頒布したりインターネット配信したりすることは，聴覚障害者等情報提供施設だけに認められています。なお，提供できるのは，製作した字幕や手話だけが対象で，元の映像は含まれませんので注意してください。

② 字幕・手話入り映像資料の作製と貸し出し

条文では，「二　専ら当該聴覚障害者等向けの貸出しの用に供するため，複製すること（当該聴覚著作物に係る音声を文字にすることその他当該聴覚障害者等が利用するために必要な方式による当該音声の複製と併せて行うものに限る）」となっています。

これは，映画やテレビ番組について，聴覚障害者等に貸し出すために字幕や手話を付けた形で元の映像や音声を含めて複製することを認めたものです。聴覚障害者等情報提供施設だけではなく，公共図書館・大学図書館・学校図書館も行えます。字幕・手話入り映像資料が作製できることを意味しています。ただし，実質的に行えないことはすでに説明しました。

2　郵便法と関連規則

(1) 第四種郵便（点字）

点字は，第四種郵便物で，誰が誰に送っても郵送料は無料です。ただし，一度に送れる重さに制限があり，3kgまでとなっています。

図書館では，製作施設相互の貸借と，対利用者への貸し出しを無料の郵送で行っています。中が少し見えるように袋の上部を開けておくことと，「点字用郵便」と記載します。

(2) 第四種郵便（特定録音物）

特定録音物等発受施設の指定を受けた施設では，その施設相互と，視覚障害者に対し，無料で録音物を送ることができます。ところで「盲人」という言葉は現代ではあまり好ましいいかたではありませんので，「視覚障害者」と言い換えるのが現実的です。

特定録音物等発受施設の指定を受けるには，日本郵便に所定の書式により指定請求申請をします。障害者サービス要綱等の，視覚障害者のためのサービスを行っていることを証明する書類が必要です。認定までに時間がかかることはありますが，今まで認定されなかった例はありません。

第4種郵便規則にある特定録音物等郵便物にどのようなものが入るかについて少し論議もあるようですが，「視覚に障害のある者が音で利用する資料」と考えるとわかりやすいのではないでしょうか。

(3) 心身障害者用ゆうメール

　ゆうメールは，郵便局で行うサービスですが，厳密にいうと「郵便」ではなく荷物の配送サービスです。

　「心身障害者用ゆうメール」は，通常の「ゆうメール」の図書館だけに認められた障害者への割引制度ではなく，以前の「障害者用冊子小包」の名称変更と考えられます。送ることのできるものが，一般のゆうメールとはまったく異なります。

　具体的には，重度障害者に対し，図書館から図書形態のものを割引料金(ゆうメールの半額)で送ることのできるものです。「図書館用ゆうメール」の文字と図書館の名称及び所在地を記します。申し込みには所定の届け出が必要です(認可ではなく，届け出すれば利用できます)。

　対象が重度障害者に限られることと，送ることのできるものが図書形態に限られていてCD等の記録メディアが利用できないことが課題です。状況により宅配業者のメール便の方が使いやすいこともありますので，サービス内容を確認する必要があります。

(4) 聴覚障害者用ゆうパック

　聴覚障害者用ゆうパックは，図書館や聴覚障害者等情報提供施設等の「聴覚障がい者の福祉を増進することを目的とする施設(日本郵便が指定するもの)」と聴覚障害者の間で，聴覚障害者用のビデオテープやDVD等の録画物を割引料金で送ることができる制度です。重量は30 kg以下です。

　日本郵便の指定を受けるためには，障害者サービスの要綱・規則等，聴覚障害者のためのサービスを行っていることを表すものが必要です。

　また実際に送る場合，内容物が容易に判断できるような包装を行い，「聴覚

障害者用ゆうパック」の文字と施設名・施設住所が分かるようにしなくてはなりません。返送時も「聴覚障害者用ゆうパック」の表記が必要です。

3　図書館利用に役立つ福祉制度

　以下の福祉制度は，障害を持つ利用者が図書館を利用するために役立つものです。図書館職員は，その制度を理解し，具体的に紹介できるようにします。

(1) 日常生活用具給付制度

　重度の障害者が，日常生活を円滑に過ごすために必要な用具を給付する制度で，市町村が行う地域生活支援事業のひとつです。内容は，市町村によりやや異なりますが，おおむね1割程度の自己負担または無料（収入等により異なります）で用具を購入することができます。

　対象者は，日常生活用具を必要とする障害者・障害児・難病患者等です。

　給付される用具には，介護・訓練支援用具，自立生活支援用具，在宅療養等支援用具，情報・意思疎通支援用具，排泄管理支援用具，居宅生活動作補助用具（住宅改修費）があります。図書館利用に関係のあるものとしては，DAISY再生機，拡大読書器，パソコンの音声化ソフト等が対象となっています。障害の種類と程度により給付できる用具が異なり，また再申請できる年限が決まっています。

(2) ガイドヘルパー

　福祉制度の障害者への支援事業として，ガイドヘルパー（同行援護）があります。対面朗読等の来館時に利用することができます。制度の内容・具体的な利用方法・自己負担金等は市町村により異なりますので，図書館職員はその内容を確認し案内できるようにしておきます。

　以前は，無料のガイドボランティアがいましたが，現在では少なくなっています。

(3) タクシー券，福祉バス

　自治体により異なりますが，障害者に無料でタクシー券を配布しているところがあります。また，自治体内の施設を巡る福祉バスや市内循環バスに無料で乗れるところがあります。

　これらの，来館をサポートするサービスを確認しておきます。

第10章

障害者サービス
今後の展望

1　図書館は障害者の情報入手のための総合窓口

(1) すべての市民が利用できる

　図書館が真にあらゆる市民の利用を可能とするためには,障害者サービスの実施が不可欠です。そして,すべての市民が無料で利用できる情報提供施設は図書館しかありません。そこに,過去からの膨大な図書館資料が体系的に蓄積され,個人のニーズに応じて提供してくれる職員(司書)がいる。その機能を障害者も利用できる環境になっていることが大切です。

(2) 公共図書館を基点にさまざまな施設と連携して障害者への情報提供を行う

　図書館では,従来,市町村立図書館・県立図書館・エリア内図書館・全国の図書館と連携し,資料・情報の提供を行ってきました。障害者サービスではいち早くデジタル技術を活用して,障害者用資料・データの入手や提供に全国的なネットワークを用いています。

① 視聴覚障害者情報提供施設等

　点字図書館・ライトハウスとも呼ばれている視聴覚障害者情報提供施設は,点字・録音・字幕・手話入り映像資料等の製作センターであり,視聴覚障害者への情報提供施設です。

　これらの施設が製作した資料を入手し(相互貸借やデータのダウンロード),図書館利用の障害者に提供します。全国の資料を自館資料と同じように提供する

ことができます。そのため，障害者用資料を必ず製作しなくてはサービスができないということはありません(ただし聴覚障害者用資料はまだそのようなネットワークができていません)。

　反面，製作することができればこのネットワークにより全国の障害者に情報提供できることになりますから，製作館は大切な存在です。
② 特別支援学校・学級
　学校で学ぶ，障害を持つ児童生徒や教員に対し，公共図書館から学校図書館を通じて資料を提供することができます。前述のように，公共図書館(特に障害者サービス)は全国とつながっています。その情報を提供できることになります。もちろん学校図書館自らが全国とつながり資料を入手し提供することも法的には可能ですが，多くの学校図書館は資料も職員も不十分で，公共図書館がそれを支援していく体制作りが求められます。

　逆に，学校図書館や教員の中に障害者用の優れた教材を作製している事例があります。これらの資料が著作権法第37条第3項で学校図書館が製作のものとなれば，学校図書館から直接あるいは近くの公共図書館から全国に貸し出すことができるようになります。創意工夫により時間をかけて製作された資料を，全国の同じような悩みを持つ児童生徒に提供する道が開けるのです。
③ 大学図書館
　最近，大学で障害を持つ学生を支援する動きがみられるようになってきています。教科書や教材等をテキストデータ等に変換する活動です。これらを大学図書館を通じて著作権法第37条第3項で製作することにより，全国的なネットワークに載せることができるようになります。

　公共図書館では，大学に学ぶ障害を持つ学生を支援することはもちろんですが，このように大学図書館が製作した障害者用資料データを積極的に活用していきたいところです。
④ ボランティアグループ
　全国には，点訳・音訳・DAISY編集等のさまざまなボランティアグループがあります。

図書館は，資料の質の確保に留意しながら，ボランティアと連携して資料製作を行うことで，多くの資料を製作提供できるようになります。また，ボランティアは障害者と直接つながっていることも多いため，図書館のPRや情報提供の協力も期待できます。

(3) 全国3,200以上のサービス窓口

　図書館は，何といってもサービス窓口が多いのが特徴です。また，それらの図書館がネットワークを組んで機能的に動いています。身近な図書館を窓口にして，全国の図書館から情報を得ることができます。

(4) 多彩なサービス方法を持つ図書館

　図書館の障害者サービスは，他の情報提供施設に比べて多彩できめ細かなサービス方法を持っています。来館がむずかしい利用者には，郵送貸し出し・宅配サービス・団体貸し出し・施設入所者へのサービス・移動図書館車の運行等が考えられます。また，拡大文字・録音資料等のさまざまな障害者用資料だけではなく，対面朗読や使いやすい施設設備の整備の他，拡大読書器に代表される情報支援機器を備えています。

　以上のことから，充実した障害者サービスがあれば，図書館は障害者や高齢者等の情報障害者にとって最も可能性のある施設となることがおわかりいただけたでしょうか。

2　これからの日本社会と図書館

　障害者サービスが全国の図書館に進展してこなかった大きな理由は，障害者サービスの正しい理念や考え方が浸透してこなかったことにあると思います。それは，福祉サービスのように考えられてしまったことであり，利用者も自治体関係者も図書館員も誤解していたと思います。また，このような誤解は最近始まったことではなく，図書館における障害者へのサービスが開始された草創期の文献でも同じような課題が提起されています。

従来の日本社会では，障害者のことをボランティアや福祉サービスが行うべきという考えが主流でした。また，個人も障害者に対しボランティア的な思いで接していた人が多いのではないでしょうか。しかし，この方法では個々のケースで社会に参加できる障害者が増えるものの，社会の側が「障害者のために変わる」ことができません。ボランティアが障害者のために何でもできることをすることは，実は現代の社会ではよいことではありません。ボランティアがあまり手助けをしなくても障害者が生き生きと暮らしていける社会作りが求められているのです。どこもやっていないからボランティアが行うのではなく，社会のそれぞれが障害者のために努力し，それでもうまく参加できない人のために福祉サービスやボランティア等があるのです（私も障害者ですので，ボランティア活動という個人の善意には大変感謝しています。しかし，障害者が社会で生きていくためのシステムが，個人的な善意に頼らなければならないということに疑問を感じざるを得ません）。

　障害者の権利条約と，それを受けて制定された障害者差別解消法等の一連の障害者関連法規は，国および地方公共団体に障害者への合理的配慮を求めています。さらに，本来は公共機関にとどまらず日本社会全体に（民間企業や個人も含めて）障害者への合理的配慮が求められているはずです。図書館には図書館としての合理的配慮があり，民間企業や個人にもそれぞれに障害者への合理的配慮があります。

　社会全体で，それぞれ自らが障害者への合理的配慮をしなくてはならないのです。それは，障害者や高齢者等の特別なニーズのある人のことを絶えず意識し，それらの人が使うために何ができるかということを考えていかなくてはならないということです。誰もが使える社会（それを図書館と言い換えてもよいですが）にするのは，それぞれ自らの仕事なのです。

　ところで，図書館は法律で合理的配慮が義務付けられているから障害者サービスをするのではありません。「誰もが使える図書館にする」という従来から目指してきたことを実現するだけのことです。すなわち，それが合理的配慮な

のです。

　図書館サービスの基本的要素は、「施設」「資料」「職員」と言われていますが、障害者サービスでは特に「職員」の存在は大切です。障害者サービス（図書館サービス）を発展させる鍵は職員にあります。施設や資料が満足のいくものでなくても、職員の工夫や努力により多くのサービスが実施できます。障害者サービスそのものが、個々の職員の努力により切り開かれてきたといってもよいかもしれません。これからも職員は自ら学び工夫し、また先輩や同僚から学び、利用者や関係者と相談しながらサービスを進展させる努力をしていかなくてはなりません。

　さらに、筆者はサービスの進展に欠かせないものとして、「利用者」を加えたいと思います。利用者がいて実際にサービスを行うことで、その質が向上していきます。サービスを行う中でその問題点や工夫すべき点が見えてきます。また、職員のスキルも磨かれていきます。利用者から教わることも多いのです。それは、直接意見をもらったりアンケートに答えてもらうということではなく、日々のサービスにおける利用者の本への小さな要求や態度からも多くのことがわかるのです。利用者に信頼される図書館でなくてはなりません。

　資料に関しては、障害者サービスを始めるにあたり最初からいきなり音訳者を養成し資料製作を行おうとするところもありますが、図書館は情報提供機関であり、資料製作が本来の目的ではありません。どんな形であれ、何らかの方法で必要としている資料を入手することができればよいのではないでしょうか。そもそも障害者用資料作成を考える前に、今ある資料やサービスをすべての人が利用するための工夫が必要であることはいうまでもありません。

　次に、出版社にとっての合理的配慮を考えると、アクセシブルな出版物の刊行ということになります。最も大切なことは、これにより障害者が自ら購入し使うことができるようになるということです。図書館は、これを購入し、利用者に提供します。これで、障害者は必要により購入したり図書館から借りたりすることを選択できるという、いわば「当たり前の状況」になります。大活字

本・LLブック・ピクトグラム・字幕入り映像資料等はぜひ出版してほしいものです。

　さらに，アクセシブルな電子書籍の刊行は障害者にとって大きな朗報となります。電子書籍フォーマットであるEPUB 3とDAISY 4との統合がほぼなされている今，誰もが使える電子書籍の刊行は技術的には可能な状況になっています。出版社は，障害者への合理的配慮として，アクセシブルな電子書籍の出版を行う必要があります。万一そのような出版が無理な場合でも，その代替としてテキストデータの提供くらいは行うべきではないでしょうか。テキストデータがあれば，それ自体を障害者が使うことができますし，それを元に簡単に点訳やマルチメディアDAISYの製作ができるようになります。

　すべての出版社でアクセシブルな書籍の刊行ができるかというと，現時点ではむずかしい点もあるかもしれません。そこで，出版社によるアクセシブルな資料の刊行を補完するものとして，図書館等による著作権法第37条第3項による障害者用資料の製作があります。

　残念なことに，日本では，図書館等による障害者用資料の製作体制も万全ではありません。点字や録音資料は，点字図書館を中心とした製作システムがありますが，マルチメディアDAISY等の新たな優れた障害者用資料には，その製作体制がなく，ボランティアが細々と（しかし力強く）製作を行っているのが現状です。教科書でさえボランティアが製作していることについては，大きな疑問を持たざるをえません。2章5で述べたように，たとえば国立国会図書館を中心とした，国としてのきちんとした製作体制，つまり障害者への情報保障のあり方を考えなくてはなりません。専門機関による基本的な障害者用資料の製作と，それを補う各地の図書館等の製作システムを作るべきではないでしょうか。

　そして，障害者用資料の入手が容易になれば，図書館の障害者サービスは大きく変わるのではないかと思います。入手できる資料が増え，それを障害者等

に提供するのが図書館の使命となれば一般サービスと同じような充実が期待できます。その上で，宅配サービス・郵送貸し出し・施設入所者へのサービス等のすでに在る形態を生かし，さらには，障害者サービスならではのIT技術を活用したサービスを提供できれば，すべての人に図書館の資料やサービスを，という目的は，飛躍的な進展を遂げるでしょう。

さて，ここまで障害者をめぐる制度は，かなり良いものになってきたとしましたが，実はその制度もまだまだ完璧でないことも知っておく必要があります。障害者の定義が拡大され新たな障害者が認識されるなか，また高齢人口が増えるなか，福祉制度・郵便制度・著作権法も完璧ではありません。制度が時代の動きについていっていないのです。そもそも制度というものはそういうものかもしれませんが，改善すべき点は改善する姿勢が必要であると思います。そしてその土台となるのは，障害者や市民いわば当事者の声であることも忘れてはなりません。

せっかくここまで改正された著作権法をはじめ障害者をめぐる制度を，今後良いサービスにつなげていけるかどうかは，図書館の責任です。ボールは図書館の側にあります。

ところで，図書館の現場に目をもどしてみると心配がないわけではありません。図書館予算・人員の減少や指定管理・委託の導入など，図書館をめぐる状況は大変厳しくなっています。これらの状況は職員問題につながっていて，専門知識のある優秀な職員の継続的確保が難しくなってきています。このような中で新たなサービス(本当は新たなサービスではなく，とっくにやっていなくてはいけなかったサービスですが)を始めるのは大変です。しかし，図書館こそが頼りの障害者のことを考えれば，おのずと図書館の役割も見えてくるはずです。

東京の日野市立図書館で障害者サービスが始まった時の話を，最後に記します。ある時，盲聾の方が図書館を訪れ，点字本を貸してほしいと依頼されました(盲聾の方は点字や指点字をコミュニケーションの方法とします)。当時日野図書館には点字本がなく，職員もそのことをお伝えし，その利用者の方はあきらめ

て帰られました。その数日後，館長さんがその方の家をたずねられ，「今度図書館で点字本を購入することにしたのでぜひ利用してほしい」とお伝えしたのです。それを聞いた利用者の方は「私のためにわざわざ点字本を買ってくれるのは申し訳ないのでいいです」と答えられました。しかし，館長さんは「それは違います。一人（あなた）の要求に応えていくのが図書館なのです。だから，ぜひ利用してほしい」と応じられました。ここから，日野図書館のサービスが始まっていきます。一人の要求に応えていくのが図書館の仕事ですという言葉は，障害者サービスということだけではなく，図書館サービス全体の基本を表しているものではないでしょうか。

　いつも当たり前に，障害者を含むすべての人に図書館が利用できるようになっていること。

　図書館にできることは限界がありますが，しかし図書館だからこそできることもたくさんあるのです。すべての図書館がサービスの在り方を考え，すべての人が利用できる図書館であってほしいと願っています。

あ と が き

　この本を執筆するに当たり，多くの方のご支援をいただきました。
　特に，川越市立図書館の新山順子氏には文章の校正やレイアウト（視覚障害者はこの部分が弱いのです），写真撮影等本当に多くの部分でご助力をいただきました。また，専修大学の野口武悟教授には，本の内容にご助言をいただき，出版そのものにご尽力いただきました。学文社の松尾陽一郎氏には，私のような一介の図書館司書の本の刊行に前向きにご支援いただき本当に感謝しております。
　この本の執筆は，障害者サービスを学ぶ学生やビギナー担当者のための基礎的内容をまとめたものがなかったことから思い立ったものです。今，本を書き終えて自分の未熟な部分を改めて感じています。読者の皆様にはご一読いただき，修正した方がよい点等，ぜひご指導いただければと思います。自分自身でも大変勉強になりました。
　関係者の皆様に深く感謝申し上げます。どうもありがとうございました。
2015年1月

著　者

参 考 資 料

1 「視覚障害者の読書環境整備を：図書館協会会員に訴える」(抜粋) (1971年全国図書館大会)
(視覚障害者読書権保障協議会)

●はじめに
　人間の情報摂取は，80％が視覚からと言われていますが，視覚障害者は視覚が欠陥しているが故に，晴眼者と同じように情報を摂取することは，極めて困難な状況におかれています。そこで私達は情報源として大きな部分を占めている読書の環境を整備することによって，人間が生存していくうえに不可欠な「知る」という権利を獲得していこうと考え，また読書環境の整備は国や地方自治体の責任においてなされるべきだという方向で，運動を展開しています。
　(中略)

[Ⅱ　視覚障害者の読書環境整備に関する我々の考え]
　現代情報化社会では文字を中心とした情報に接することが，人間の文化生活を維持発展させるためには不可欠な条件である。それ故に，このことは基本的人権―生存権―の一部である。しかし視覚障害者は，その身体的条件のゆえにこの文化生活を維持発展させるための不可欠な条件を有し得ない状態におかれている。この身体的条件をカバーする作業(点字や音にかえる)が十分になされなければ，視覚障害者の文化生活は保障されない。ところがこれは現状ではⅠで述べたように，極めて貧弱である。国及び地方公共団体が国民の人権を保障する義務があるとするならば，視覚障害者の読書する権利も当然保障していかなければならない。憲法は25条で文化的生活を営む権利を，23条では学問の自由を保障している。さらに具体的には，図書館法でその2条に「図書館は図書資料を一般公衆の利用に供し，その教養，調査研究，レクリエーション等に資することを目的とする施設」であることを規定している。以上のことからすると，視覚障害者も一般公衆として図書館を利用する権利を有する。ところが図書館法には，視覚障害者に対するサービスの内容については全然触れられていない。
　(中略)
　対象が視覚障害者であること，図書の形態が特殊であるということから，公共図書館を利用できないということに対し，一般公衆である我々視覚障害者は大なる矛盾を感じるのである。すなわちⅠで述べたような貧弱な読書環境にある我々は，それから比べれば圧倒的に蔵書数の多い公共図書館に，一般公衆として読書欲のはけ口を求めたいのである。それには視覚障害者の読書環境の整備に公共図書館が本来的役割の一環として積極的，全面的に取り組んでもらうことを期待する以外にないと考えている。

[Ⅲ　さしあたって我々が公共図書館に期待するもの]
　(中略)
●我々が提案する具体的なサービス方法
　日比谷図書館のところでも述べたが，我々の言わんとするところは，①社会教育行政の範ちゅうでやってほしいこと，②点訳，朗読料は公費負担にすること，の2点であり，具体的

な方法や規模については各々の図書館の事情,その地域の視覚障害者の要求に応じた方法がとられればよいわけであるが,最低これだけは行ってほしいというものを以下に列挙してみる。
　①有料の点訳,朗読者によって蔵書を作成し,その報酬は公費負担とすること。
　②録音室,閲覧室など視覚障害者のための設備と場所をとってほしい。
　③視覚障害者が図書館を訪れた場合,図書検索を援助し,朗読することを司書の業務として欲しい。
　④図書館サービスの一環として,視覚障害者にも公共図書館の活用についての宣伝をしてほしい。
　なお,全国の中央図書館としての機能を持つ国立国会図書館に対して,1971年8月,サービスの方法,設備,職員等,及びそれに要する経費の概算までの詳細を提案してあるので,将来は国会図書館との関連も考慮してほしい。
(以下,略)

2　「公共図書館における障害者サービスに関する調査研究」に見る障害者サービスの現状と推移

(図書館雑誌2012年5月号連載記事から抜粋)

はじめに

　2001年に国立国会図書館が行った「公共図書館における障害者サービスに関する調査研究」における質問紙調査の結果を,過去に日本図書館協会が実施した障害者サービスに関する調査との比較を交えながら紹介する。
　2010年調査の質問紙と調査結果については報告書及び国立国会図書館ホームページ http://current.ndl.go.jp/FY2010_research を参照されたい。

表1　障害者サービス実施館の推移(＊は該当調査なしまたは不明。以下同)

	1976	1981	1989	1998	2004	2005	2006	2008	2010
都道府県	＊	＊	＊	38	15	＊	42	43	49
政令指定都市	＊	＊	＊	92	116	＊	123	139	211
特別区	＊	＊	＊		146	＊	147	142	1,016
市	＊	＊	＊	675	571	＊	721	716	
町村	＊	＊	＊	360	249	＊	154	173	222
私立	＊	＊	＊	4	＊	＊	＊	＊	5
その他広域	＊	＊	＊	3	＊	＊	＊	＊	＊
合計	270	517	483	1,146	1,097	1,598	1,187	1,213	1,503

回答館数	1,050	1,362	894	2,326	*	2,843	*	*	2,272
実施率(%)	25.7	38.0		49.3		56.2			66.2

表2　2010年調査における設置母体別の障害者サービス実施状況

	調査票返送件数	障害者サービス実施数	障害者サービス実施率
都道府県立図書館	53	49	92.5%
政令指定都市立図書館	251	211	84.1%
市区立図書館	1,554	1,016	65.4%
町村立図書館	401	222	55.4%
私立図書館	13	5	38.5%

(2010報告書表3-1より)

表3　主なサービス実施・実績館数の変化

	1998年			2010年		
	実施館	実績館	割合	実施館	実績館	割合
対面朗読	487	223	45.8%	591	287	48.6%
図書・視聴覚資料の郵送	587	221	37.6%	432	173	40.0%
録音・点字資料の郵送				479	216	45.1%
宅配	421	180	42.8%	353	226	64.0%

表5　2010調査資料別貸出タイトル数分布

貸出タイトル数(巻点数は含めない)	0	1－200	201－400	401－600	601－800	801－1,000	1,001以上
録音図書(テープ版)	107館	154館	38館	14館	11館	4館	27館
録音図書(DAISY版)	84館	89館	20館	9館	9館	3館	16館
点字図書(冊子体)	166館	138館	5館	1館	0館	0館	0館
点字絵本	78館	120館	2館	0館	1館	0館	0館
大活字本	45館	89館	23館	9館	7館	6館	33館

表7　障害者向け資料所蔵状況の推移

		1998	2005	2010
録音図書(テープ版)	館数(タイトル数)	399 (152,994)	423 (180,617)	355 (224,374)
	館数(巻点数)	498 (662,494)	440 (776,266)	107 (127,936)
録音図書(DAISY版)	館数(タイトル数)	*	67 (10,367)	123 (19,881)
	館数(巻点数)	*	64 (12,970)	17 (2,514)
点字図書(冊子体)	館数(タイトル数)	359 (69,285)	644 (99,827)	340 (73,616)
	館数(巻点数)	500 (287,145)	705 (314,008)	150 (84,782)
マルチメディアDAISY	館数(タイトル数)	*	*	20 (2,022)
大活字本	館数(タイトル数)	599 (134,423)	*	519 (266,632)
字幕手話入りビデオ	館数(タイトル数)	74 (2,863)	191 (27,368)	104[ii]
拡大写本	館数(タイトル数)	43 (1,837)	171 (44,825)	39
さわる絵本・布の絵本	館数(タイトル数)	160 (2,660)	414 (7,312)	323

3　著作権法関係条文，障害者サービス著作権ガイドライン

(1) 著作権法(参考にしてほしい条文)
第30条(私的使用のための複製)
第31条(図書館等における複製等)
第33条の2(教科用拡大図書等の作成のための複製等)
第35条(学校その他の教育機関における複製等)
(視覚障害者等のための複製等)
第37条　公表された著作物は，点字により複製することができる。
2　公表された著作物については，電子計算機を用いて点字を処理する方式により，記録媒体に記録し，又は公衆送信(放送又は有線放送を除き，自動公衆送信の場合にあつては送信

可能化を含む。)を行うことができる。
3　視覚障害者その他視覚による表現の認識に障害のある者(以下この項及び第102条第4項において「視覚障害者等」という。)の福祉に関する事業を行う者で政令で定めるものは，公表された著作物であつて，視覚によりその表現が認識される方式(視覚及び他の知覚により認識される方式を含む。)により公衆に提供され，又は提示されているもの(当該著作物以外の著作物で，当該著作物において複製されているものその他当該著作物と一体として公衆に提供され，又は提示されているものを含む。以下この項及び同条第4項において「視覚著作物」という。)について，専ら視覚障害者等で当該方式によつては当該視覚著作物を利用することが困難な者の用に供するために必要と認められる限度において，当該視覚著作物に係る文字を音声にすることその他当該視覚障害者等が利用するために必要な方式により，複製し，又は自動公衆送信(送信可能化を含む。)を行うことができる。ただし，当該視覚著作物について，著作権者又はその許諾を得た者若しくは第79条の出版権の設定を受けた者により，当該方式による公衆への提供又は提示が行われている場合は，この限りでない。

第37条の2(聴覚障害者等のための複製等)
第38条(営利を目的としない上演等)
第43条(翻訳，翻案等による利用)
第47条の10(複製権の制限により作成された複製物の譲渡)

(2) 著作権法施行令(障害者サービス関連条文のみ抜粋)
(視覚障害者等のための複製等が認められる者)
第2条　法第37条第3項(法第86条第1項及び第102条第1項において準用する場合を含む。)の政令で定める者は，次に掲げる者とする。
　一　次に掲げる施設を設置して視覚障害者等のために情報を提供する事業を行う者(イ，ニ又はチに掲げる施設を設置する者にあつては国，地方公共団体又は一般社団法人等，ホに掲げる施設を設置する者にあつては地方公共団体，公益社団法人又は公益財団法人に限る。)
　　イ　児童福祉法(昭和22年法律第164号)第7条第1項の障害児入所施設及び児童発達支援センター
　　ロ　大学等の図書館及びこれに類する施設
　　ハ　国立国会図書館
　　ニ　身体障害者福祉法(昭和24年法律第283号)第5条第1項の視聴覚障害者情報提供施設
　　ホ　図書館法第2条第1項の図書館(司書等が置かれているものに限る。)
　　ヘ　学校図書館法(昭和28年法律第185号)第2条の学校図書館
　　ト　老人福祉法(昭和38年法律第133号)第5条の3の養護老人ホーム及び特別養護老人ホーム
　　チ　障害者の日常生活及び社会生活を総合的に支援するための法律(平成17年法律第

123号)第5条第11項に規定する障害者支援施設及び同条第1項に規定する障害福祉サービス事業(同条第7項に規定する生活介護,同条第12項に規定する自立訓練,同条第13項に規定する就労移行支援又は同条第14項に規定する就労継続支援を行う事業に限る。)を行う施設
　二　前号に掲げる者のほか,視覚障害者等のために情報を提供する事業を行う法人(法第2条第6項に規定する法人をいう。以下同じ。)のうち,視覚障害者等のための複製又は自動公衆送信(送信可能化を含む。)を的確かつ円滑に行うことができる技術的能力,経理的基礎その他の体制を有するものとして文化庁長官が指定するもの
2　文化庁長官は,前項第2号の指定をしたときは,その旨を官報で告示する。

(3) 図書館の障害者サービスにおける著作権法第37条第3項に基づく著作物の複製等に関するガイドライン

2010年2月18日,2013年9月2日別表一部修正
http://www.jla.or.jp/portals/0/html/20130902.html

1　(目的)
2　(経緯)
3　(本ガイドラインの対象となる図書館)
4　(資料を利用できる者)
6　(図書館が行う複製(等)の種類)
8　(複製の品質)
9　(市販される資料との関係)
別表2　利用登録確認項目リスト
別表3　著作権法第37条第3項ただし書該当資料確認リスト

4　障害者に関する条約
(1) 障害者の権利に関する条約　2014年1月日本批准
http://www.mofa.go.jp/mofaj/gaiko/jinken/index_shogaisha.html (外務省)
(以下,特に参考にしてほしい条文)
第1条　目的
第2条　定義
　「障害に基づく差別」とは,障害に基づくあらゆる区別,排除又は制限であって,政治的,経済的,社会的,文化的,市民的その他のあらゆる分野において,他の者との平等を基礎として全ての人権及び基本的自由を認識し,享有し,又は行使することを害し,又は妨げる目的又は効果を有するものをいう。障害に基づく差別には,あらゆる形態の差別(合理的配慮の否定を含む。)を含む。
　「合理的配慮」とは,障害者が他の者との平等を基礎として全ての人権及び基本的自由を

享有し，又は行使することを確保するための必要かつ適当な変更及び調整であって，特定の場合において必要とされるものであり，かつ，均衡を失した又は過度の負担を課さないものをいう。
第9条　施設及びサービス等の利用の容易さ
第19条　自立した生活及び地域社会への包容
第21条　表現及び意見の自由並びに情報の利用の機会
第24条　教育
第30条　文化的な生活，レクリエーション，余暇及びスポーツへの参加
　　（c）　障害者が，文化的な公演又はサービスが行われる場所(例えば，劇場，博物館，映画館，図書館，観光サービス)を利用する機会を有し，並びに自国の文化的に重要な記念物及び場所を享受する機会をできる限り有すること。
3　締約国は，国際法に従い，知的財産権を保護する法律が，障害者が文化的な作品を享受する機会を妨げる不当な又は差別的な障壁とならないことを確保するための全ての適当な措置をとる。

(2) IFLA「情報へのアクセスと開発に関するリヨン宣言」
http://www.dinf.ne.jp/doc/japanese/access/ifla/lyon-declaration_jp.html（公財　日本障害者リハビリテーション協会訳）
（以下，宣言の一部）
宣言
4．図書館，文書館，市民社会団体(CSO)，地域社会の指導者およびメディアなどの情報仲介機関は，政府，各機関および個人による，開発に不可欠なデータの伝達，整理，構築，理解を支援するためのスキルとリソースを備えている。これらの機関は，以下の手段により，このような支援を行うことができる。
　　（中略）
　　（d）　国立図書館・文書館およびその他の公共文化遺産施設の管理者を通じて，文化遺産，政府の記録および情報への一般の人々による継続的なアクセスを維持し，確保する。
5．ICTのインフラストラクチャーを改善することにより，コミュニケーションの拡大，サービス支給の迅速化，特に遠隔地のコミュニティにおける重要な情報へのアクセスの提供が可能となる。図書館およびその他の情報媒介機関は，国家政策と地域での実践との格差を埋め，開発の恩恵をすべてのコミュニティに届けることを確保するために，ICTを利用することができる。

(3) 世界知的所有権機関(WIPO)「盲人，視覚障害者及び読字障害者の出版物へのアクセス促進のためのマラケシュ条約」
http://www.dinf.ne.jp/doc/japanese/access/copyright/marrakesh_treaty_jp_wipo201306.html（公財　日本障害者リハビリテーション協会仮訳）

（以下，特に参考にしてほしい条文）
第2条　定義
第3条　受益者
第5条　アクセシブルなフォーマットによる複製物の国境を超えた交換
第7条　技術的手段に関する義務

5　障害者に関する法令
(1) 障害者基本法（昭和45年5月21日法律第84号）
http://law.e-gov.go.jp/htmldata/S45/S45HO084.html（総務省法令データ提供システム）
（以下，特に参考にしてほしい条文）
第1条（目的）
第2条（定義）
第3条（地域社会における共生等）
第4条（差別の禁止）
第6条（国及び地方公共団体の責務）
第8条（国民の責務）
第11条（障害者基本計画等）
第21条（公共的施設のバリアフリー化）
第22条（情報の利用におけるバリアフリー化等）
第25条（文化的諸条件の整備等）

(2) 障害を理由とする差別の解消の推進に関する法律（平成25年法律第65号）
http://www8.cao.go.jp/shougai/suishin/law_h25-65.html（内閣府障害者施策から）
（以下，特に参考にしてほしい条文）
第1条（目的）
第2条（定義）
第3条（国及び地方公共団体の責務）
第4条（国民の責務）
第5条（社会的障壁の除去の実施についての必要かつ合理的な配慮に関する環境の整備）
第2章　障害を理由とする差別の解消の推進に関する基本方針（第6条）
第7条（行政機関等における障害を理由とする差別の禁止）
第8条（事業者における障害を理由とする差別の禁止）

6 参考にした資料
参考にした文献等
1 全般,制度
　(1) 日本図書館協会障害者サービス委員会・著作権委員会共編『JLA 図書館実践シリーズ 26　障害者サービスと著作権法』2014 年
　(2) 日本図書館協会障害者サービス委員会編『障害者サービス補訂版』(図書館員選書 12) 2003 年
　(3) 公共図書館で働く視覚障害職員の会(なごや会)編『見えない・見えにくい人も「読める」図書館』読書工房　2009 年
　(4) 山内薫『本と人をつなぐ図書館員　障害のある人,赤ちゃんから高齢者まで』読書工房　2008 年
　(5)「福祉と介護のみんなでネット」http://www.geocities.jp/minna1293/02syougai.html

2 歴史,現状
　(1) 野口武悟「戦前期日本における障害者サービスの展開:障害者自身の図書館サービスをめぐる運動と実践を中心に」『図書館文化史研究』第 22 号,2005 年 9 月,pp.73-91
　(2) 国立国会図書館「公共図書館における障害者サービスに関する調査研究」シード・プランニング　2011 年
　(3) 日本図書館協会障害者サービス委員会編『障害者サービスの今をみる　2005 年障害者サービス全国実態調査(一次)報告書』2006 年
　(4) 日本図書館協会障害者サービス委員会編『図書館が変わる　1998 年公共図書館の利用に障害のある人々へのサービス調査報告書』2001 年

索引

あ行

アクセシブルな電子書籍　73, 144
LLブック(リライト資料)　27
音声 DAISY　69
音声読書器　65
音声パソコン　64

か行

学術文献録音図書　32
拡大・大活字資料　26
拡大読書器　63
公共図書館で働く視覚障害職員の会(なごや会)　45
合理的配慮　7, 14
高齢者サービス　107
国際障害者年　45
国際障害分類(ICIDH)　3
国際生活機能分類(ICF)　4
国際図書館連盟(IFLA)　37
国立国会図書館　77
国立国会図書館サーチ『点字図書・録音図書全国総合目録』　100

さ行

サピエ図書館　77, 100
視覚障害者等用データの収集と配信サービス　32
視覚障害者読書権保障協議会(視読協)　44
磁気誘導ループ　60
視覚障害者読書権保障協議会　150
施設入所者へのサービス　26, 104
視聴覚障害者情報提供施設　12, 139
字幕・手話入り DVD・ビデオ　27, 72
受刑者等矯正施設入所者　113
受刑者に対するサービス　26
障害者基本法　3, 7
障害者サービス著作権ガイドライン　39, 133
障害者総合支援法　7
障害者の権利に関する条約　6, 155
障害を理由とする差別の解消の推進に関する法律(障害者差別解消法)　7
資料製作　79
心身障害者用ゆうメール　102, 136
世界知的所有権機関(WIPO)　38

た行

大活字本，拡大本　70
第 30 条「個人使用のための複製」　129
第 31 条「図書館による複製」　130
第 33 条の 2「教科用図書の拡大文字等による複製」　130
第 35 条「学校における複製」　130
第 37 条「点字による複製」　130, 153
第 37 条第 3 項「視覚障害者等のための複製等」　46, 130, 154
第 37 条の 2「聴覚障害者等のための複製等」　130, 134
対面朗読　26, 43, 93
対面朗読室　62
第 4 種郵便(点字)　135
第 4 種郵便(特定録音物)　135
宅配サービス　26, 103
多文化サービス　112
聴覚障害者　111
聴覚障害者用ゆうパック　136
著作権法施行令　154
DRM　15
DAISY(デイジー)資料　68
ディスレクシア　2, 36
テキスト DAISY　69
テキストデータ　69
点字資料　27, 67
点字図書館　12
点字図書・録音図書全国総合目録　32

159

点字ブロック　　55, 56, 59
特定録音物等発受施設　　98
図書館協力者　　80, 82, 83, 96

な　行

日常生活用具給付制度　　119, 137
入院患者へのサービス　　26, 105
布の絵本・触る絵本　　27, 71
ノーマライゼーション　　21

は　行

バリアフリー化　　22
ピクトグラム　　73
副音声つき DVD　　72
プリントディスアビリティ　　35
ボランティア　　16, 142

ま　行

マラケシュ条約　　38, 156
マルチメディア DAISY　　69

や　行

郵送貸し出し　　26, 98, 99, 102
ユニバーサルデザイン　　22

ら　行

利用案内　　123
リライト，LL ブック　　71
録音資料　　27, 68
録音図書　　52

著者紹介

佐藤　聖一（さとう　せいいち）

　　　　　1960 年生まれ
　　　　　大東文化大学文学部教育学科卒

現　　職　埼玉県立久喜図書館
専門分野　公共図書館の障害者サービス，障害者資料の製作・音訳
　　　　　埼玉県立久喜図書館員，明治大学兼任講師，日本図書館協会
　　　　　障害者サービス委員会委員長
著　　書（いずれも共著）
　　　　　日本図書館協会障害者サービス委員会編『障害者サービス
　　　　　（補綴版）』（図書館員選書 12）2003 年
　　　　　日本図書館協会障害者サービス委員会・著作権委員会共編
　　　　　『障害者サービスと著作権法』（JLA 図書館実践シリーズ
　　　　　26）2014 年
　　　　　公共図書館で働く視覚障害職員の会編『見えない・見えにく
　　　　　い人も「読める」図書館』読書工房　2009 年

　　　　編集協力：新山順子（川越市立図書館員　日本図書館協会
　　　　　　　　　障害者サービス委員会委員）

---

1 からわかる図書館の障害者サービス
　　　　　―誰もが使える図書館を目指して―

2015 年 2 月 20 日　第 1 版第 1 刷発行
2016 年 10 月 30 日　第 1 版第 2 刷発行

　　　　　　　　　　　　　　　　著　者　佐藤　聖一

発行者　田中　千津子　　〒153-0064　東京都目黒区下目黒 3-6-1
　　　　　　　　　　　　電話　03（3715）1501（代）
発行所　㈱学文社　　　　FAX　03（3715）2012
　　　　　　　　　　　　http://www.gakubunsha.com

当書は，視覚障害者等の活字による読書の困難な人のために，埼玉県立久喜
図書館がマルチメディア DAISY で製作しています。
Ⓒ Sato Seiichi Printed in Japan 2015
乱丁・落丁の場合は本社でお取替えします。　　　印刷　新灯印刷㈱
定価は売上カード，カバーに表示。

ISBN978-4-7620-2521-1

司書課程 最新カリキュラムに対応！

ライブラリー 図書館情報学 〈全10巻〉

[監修] **大串　夏身**（昭和女子大学人間社会学部教授）
[修] **金沢みどり**（東洋英和女学院大学人間科学部教授）

A5判
並製カバー
約200頁

●●● シリーズ刊行にあたって

　高度情報通信ネットワークを基盤とした新しい社会が姿を表しつつあります。それは知識が次々と生まれる創造的社会であり，ユビキタスネット社会であり，ネットワークを用いて課題を解決してゆく社会です。こうした社会で図書館は，新しい役割とそれにふさわしいサービスの創造・提供を期待されています。

　本シリーズは，平成24年度から開始された司書の新カリキュラムに沿って作成されています。新しい時代の図書館の担い手にふさわしい司書のあり方を視野に入れ，創造的なテキストを目指します。

1　生涯学習概論
〔渡部 幹雄〕
ISBN978-4-7620-2578-5　　本体 1800 円

2　図書館概論 <第2版>
〔大串 夏身・常世田 良〕
ISBN978-4-7620-2441-2　　本体 1800 円

3　図書館情報技術論
〔日高 昇治〕
ISBN978-4-7620-2366-8　　本体 1900 円

4　図書館制度・経営論
〔柳 与志夫〕
ISBN978-4-7620-2389-7　　本体 1800 円

5　図書館サービス概論 <第2版>
〔金沢 みどり〕
ISBN978-4-7620-2582-2　　本体 2000 円

6　情報サービス論及び演習
〔中西 裕・松本 直樹・伊藤 民雄〕
ISBN978-4-7620-2318-7　　本体 1800 円

7　児童サービス論 <第2版>
〔金沢 みどり〕
ISBN978-4-7620-2470-2　　本体 1900 円

8　図書館情報資源概論
〔伊藤 民雄〕
ISBN978-4-7620-2304-0　　本体 1800 円

9　情報資源組織論及び演習 <第2版>
〔那須 雅熙〕
ISBN978-4-7620-2592-1　　本体 2100 円

10　図書・図書館史
〔綿抜 豊昭〕
ISBN978-4-7620-2436-8　　本体 1800 円